KB267675

세상을 보는 눈

① 동아시아

뉴스톨

펀타클

초연결사회를 살아가는 인간은 태어나는 즉시 우주 속에서 자신의 위치부터 찾아내야 하는 '빅 히스토리'의 시대다. 지구촌 구석구석의 뉴스들이 실시간으로 전달되고, 우리가 생산한 상품들과 문화 콘텐츠들이 가닿지 않는 곳이 없는 글로벌 세계에서는 청소년들도 세상이 돌아가는 이치와 흐름을 재빨리 깨달아야만 한다. 그런 면에서 핵심 키워드별로 압축 정리해 세상을 파악할 수 있는 안목을 키워주는 이 책이 주목된다.

이런 새로운 시도를 갈무리하여 세상에 내놓는 게 20대 젊은 작가라는 것도 예사롭지 않다. 청소년 출판의 새로운 흐름이 생겨나는 징후라 할 만하다.

– 한기호(출판평론가, 「학교도서관저널」 발행인)

교사인 저도 '세계화와 평화' 같은 국제관계 문제를 수업으로 준비할 땐 갑갑합니다. 현재 벌어지는 각지의 분쟁, 미·중 통화 갈등과 군사 긴장 같은 이슈들은 너무나 복잡하고, 그런 이해를 도울만한 적당한 기사를 찾기도 어렵지요.

이런 마음을 어떻게 알았는지, 국제 뉴스를 '숏폼' 보듯 필요한 핵심만 간결하게 정리한 책이 나왔습니다. 거기에 만화로 흥미를 더했네요. 오래된 상식이 아니라 최신 뉴스를 다루는 점도 매력입니다. 평화헌법의 족쇄를 벗어나려는 일본에 미국이 제안한 군사동맹 '오커스(AUKUS)'까지 소개되었습니다. 이제 최신 국제 문제의 전문가로 학생들 앞에 거듭나는 건 시간문제! 학생들과 국제·외교 이슈로 대화하는 시간도 가지게 될 거라 기대합니다.

– 허진만(삼일고등학교 사회교사)

보고 듣는 것에 익숙한 아이들과 함께 읽고 쓰는 교과 독서 활동을 하기란 참 쉽지 않습니다. 매일 밤 '쇼츠'를 보며 잠이 드는 저와 아이들이 긴 호흡으로 책 한 권을 읽으려면 어떻게 해야 하나 늘 고민합니다. 이때 이 책을 만났습니다. '뉴스 브리핑'으로 시작해 왜 이런 사건이 벌어졌는지 설명하고, 마지막엔 '비하인드 히스토리'가 있어 더 자세히 맥락과 배경을 이해할 수 있으니 깊이가 더해집니다. 특히 중간에 있는 만화는 재밌는 수업으로 향하는 징검다리 역할을 합니다. 좋은 책은 그 자체가 좋은 수업이라는 생각으로 20년 동안 이어가고 있는 '한 학기 한 권 읽기' 수업 도서로 뉴스툰을 찜했습니다.

– 송원석(일산양일중학교 사회교사)

세상에는 궁금한 일들이 많고, 그 일들이 서로 복잡하게 얽혀 있기 마련입니다. 기자는 이렇게 복잡한 세상의 겉과 속을 언제나 알기 쉽고, 일목요연하게 설명하는 기사를 써야 합니다. 물론 분량의 제한 등으로 단순한 사실 전달에 그치고, 뉴스의 복잡한 전모를 다 전하지 못할 때도 많지요. 그래도 세상을 보는 관점만은 언제나 독자들과 공유하려고 노력합니다.

이 책은 뉴스를 가볍게 맛보기로 브리핑해 주고, 다시 뉴스의 핵심을 툰으로 재미있게 전달해 주고, 마지막으로 뉴스와 연관된 역사적 사실까지 곁들여줍니다. 짧은 분량에 만만치 않은 내용을 담고 있지만, 이런 편집 방식은 뉴스와 연관된 세상의 흐름을 자연스레 느끼게 해줍니다.

이 책을 읽고 나면 새롭게 눈을 뜨고 묻기 시작할 겁니다.

왜? 세상은 이렇게 돌아가고 있는가?

— 윤호우(경향신문 선임기자, 전 논설위원)

일러
두기

본 책에 수록된 만화 대사의 일부는
개성을 살리기 위해
입말을 그대로 실었습니다.

안녕하세요
뉴스툰입니다.
이번엔 감사하게도 책으로
찾아 뵙네요!
NEWS

옛날 퇴근하신 아버지가
회사 이면지를 가져오시면 거기에
네컷만화를 그리며
만화가의 꿈을 꾸었는데..
감격스럽습니다.
NEWS

제가 뉴스툰을 그리게 된
계기를 설명드리자면,
전 역사를 배우는 게
참 중요하다고 생각합니다.
NEWS
삼국사기

소련
하.. 너희들은
아프간 침공하지 마라
거긴 지옥이야..
헤헤 싫은데?
역사는
지금 일어나는 사건들의
예습문제이고 오답노트이기
때문이지요.

그런데 정작
지금 세상 돌아가는 건
배우기가 참 어렵습니다.
일단 사안이 너무
시시각각 변하기도 하고,
이 땅은
내 꺼야!
국경
넘지
마!
인도
다음 날
BRICS 경제협력 회의
우리끼리
돕고 살자구~

사람들과 이야기를
나눠보려고 해도
현재의 정치색에
가로막히기 일쑤죠.
NEWS
블루 팀이
최고야!
레드 팀이
답이다!

넌 대체
어느 편을 들 거야?
어서 골라!
NEWS
이렇게 가다가는 사람들이
지금의 세상 돌아가는 정세를
외면하는 게 아닐까 싶었습니다
지금도 언젠가의 역사가 될 텐데..

그래서 생각한 것!
지금 세상 돌아가는 모양새를
만화로 가볍게 그려낸다면
사람들이 쉽게 볼 수 있지
않을까요?
NEWS

복잡한 세계정세를
가볍게 즐길 수 있는
만화로 풀어낸다면
사람들이 관심을 가질 것
같았습니다!
NEWS

쉽고 가볍게 그리려니
역설적으로
많은 공부가
필요했지만..
NEWS

그래도 제 만화를 보고
재밌고 이해하기 쉬웠다는
반응들을 보면
노력이 헛되지 않았구나
싶습니다.
NEWS
재밌어요!
크흑! 감사합니다!
나도 리뷰칸에
별 5개만
남기리라!

앞으로도 따끈한 뉴스툰을 가져다
대문 앞에 살포시 놓아드릴 테니.
자신만의 세상 보는 눈을
잘 키워가셨으면 좋겠습니다.
NEWS
저도 열심히 그리겠습니다!

전쟁은
기회다

전쟁 속에서
기회를 엿보는 중국?

전쟁은 끔찍한 인재人災입니다. 많은 사람이 죽고 도시는 폐허가 되지요. 우리는 미디어가 보도하는 러시아-우크라이나 전쟁으로 그 끔찍한 현실을 지켜봤습니다.

하지만 전쟁이 누군가에게는 기회가 될 수도 있다는 걸 생각해 봤나요? 모든 게 파괴되는 전쟁에서 누가 어떤 이득을 얻을 수 있는 것일까요?

힘의 균형이 요동치고 있는 러시아-우크라이나 전쟁을 전 세계가 주목하고 있습니다. 우크라이나를 손쉽게 굴복시킬 수 있다고 믿었던 러시아는 기나긴 전쟁의 수렁에 빠져 수많은 사상자를 내며 고전하고 있습니다. 유럽 국가들은 다양한 물자를 공급하며 우크라이나를 물심양면으로 돕고 있지만 길어지는 전쟁에

피로감을 느끼며 지원 여부를 두고 분열하기 시작했습니다. 이런 상황 속에서 미국은 우크라이나 지원의 중요성을 거듭 강조하며 러시아에게 경제적 제재를 부과하고 있습니다.

현재 미국의 관심은 온통 우크라이나 전선으로 쏠려 있는 듯 보입니다. 미국이 러시아를 제재하는 데 힘을 쓰고 있으니, 미국과 경제 전쟁을 벌이던 중국은 조금이나마 한숨을 돌리고, 세계를 상대로 중국의 패권을 더 확대할 기회이기도 합니다.

태평양의 섬 국가들은 전략적으로 중요한 가치를 지니고 있습니다. 그래서 태평양전쟁 당시 미국과 일본이 이 섬들을 차지하기 위해 혈전을 벌인 바 있지요. 이제는 태평양을 사이에 두고 맞서고 있는 미국과 중국에게 이 섬들은 대단히 중요한 군사적 요충지입니다. 바다를 통해 세계로 나가려는 중국에게나 이를 봉쇄하려는 미국에게나 모두 중요한 지역이죠.

그래서 중국은 미국의 관심이 우크라이나에 쏠려 있는 지금 태평양 섬 국가들에 연이어 러브콜을 보내고 있습니다. 태평양 섬 국가들도 중국을 반기는 것처럼 보이는데, 큰손 중국과 경제적 협력을 하고 싶어 하는 것이 그 이유겠지요.

　또, 중국이 관심을 보이는 곳은 아프리카와 중앙아시아입니다. 그런데 이 두 지역은 오래전부터 러시아의 영향력이 컸다는 사실을 주목해야 합니다. 우즈베키스탄, 카자흐스탄, 투르크메니스탄, 키르기스스탄, 타지키스탄 등 중앙아시아 국가들은 구소련(소비에트연방)의 일원이었고, 러시아는 아프리카에도 구소련 시절부터 경제적, 군사적 지원을 해왔기 때문이지요. 중국과 러시아는 이번 러시아-우크라이나 전쟁에서도 간접적으로나마 서로 돕는 관계인데, 왜 중국은 제3세계에서 러시아와 경쟁하려고 하는 것일까요?

　중앙아시아와 아프리카는 석유, 광물 같은 지하자원이 풍부하게 매장되어 있습니다. 게다가 지금은 중국이 이 두 지역에 영향력을 넓힐 수 있는 적기입니다. 전쟁의 수렁에서 빠져나오지 못하고 있는 러시아는 이 지역들에 대한 중국의 진출 노력이 불쾌해도 볼멘소리를 하기 힘든 상황입니다. 서방의 경제 제재로 수출로가 막혀버린 석유와 가스를 중국이 사들여주고 있기 때문이죠. 전쟁 비용이 절실한 러시아로서는 중국의 수요를 무시하기 힘들겠지요.

　미국, 유럽연합EU, 러시아까지…. 세계의 패권국들이 전쟁으로 인해 정신이 없습니다. 중국은 이 소란 속에서 조용히 얻어갈 것들을 모으고 있는 듯 보이는군요. 과연 중국은 이 기회를 발판 삼아 미국이 주도하는 세계 질서에 균열을 낼 수 있을까요?

전쟁은
기회다

으윽!
이거 정말 최악의
상황인데!

무역전쟁은 그래도
해볼 만할 줄 알았는데!
이렇게나 포화가
거셀 줄은…!

G1
저 G1의 자리에
내 붉은 깃발을
꼭 꽂아야 하는데…!
ㅋㅋㅋ
누울 자릴 보고
누워야지.
이러다간
죽도 못 쑤겠어!
재정비가 필요해!

야! 사격 스탑!
우리 그만 좀 싸우고
절충점을 찾…
핵
말짱~
뭐… 뭐야?
나 왜 멀쩡하지…?

얌마! 러시아!
시대가 어느 땐데
전쟁을 일으켜?!
너야
말로!
포기
해라!
오호!
러시아가 전쟁을 일으켜서
미국의 신경이
저쪽으로 쏠렸구나!

좋아!
미국의 주 타깃이
러시아로 바뀌니
숨통이 트이는구나!
심기일전의 기회다!
일단 미국과 유럽의
제재로 돈줄이 마른
러시아에게 경제적
협력을 제공하고…
내 오랜 동지…
석유 좀 사줘 ㅠㅠ
전쟁 비용 메꿔야 해.

그 틈에 러시아가 진출한 아프리카와 중앙아시아에서 내 영향력을 넓혀야겠어! 석유 사주고 있으니 뭐라 못 하겠지!
…
미국도 러시아에 정신이 팔려 있으니… 미국 영향권인 태평양 섬들에 투자를 제공하면서 중국 의존도를 높이자!

물론 미국이 정신을 차리게 되면 다시 힘들어지겠지만…
G1
너 중국 인마 잠깐만 기다려! 또 혼내줄 테니까!
더 이상 세계는 냉전 때처럼 양분되지 않아! 제 3의 세력을 이용해 제재를 우회할 수 있어!
미국을 완전히 믿을 순 없어 그렇지?
중국도 파트너로써 나쁘지 않을 지도?

하하하!
미제놈들이 진땀을
빼는구나! 이 틈에
미사일 발사!

이건 절호의 기회다!
서방세계의 적대와
성장 부진을 만회하려면
이번 기회를 살려야 해!
이 깃발을 G1의 자리에 꽂아
옛 영광을 되찾으리라!

G1
타닷
이번 전쟁은 기회야!

전쟁의 역설,
누군가의 고통으로
누군가는 이득을 본다

전쟁은 특정 국가가 상대 국가에게 바라는 바를 얻기 위해 동원하는 최후의 수단입니다. 보통 원하는 목표를 외교나 경제 등 비폭력적 수단으로 달성하기 어렵다고 판단될 때, 무력을 써서라도 상대 국가를 제압해 그 목표를 기어코 이루고자 전쟁을 일으킵니다.

만약 한반도에 전쟁이 일어난다면 어떨까요? 수많은 사상자가 발생하고 나라의 중요한 기반 시설들이 모두 파괴되어 전쟁이 끝나더라도 수십 년은 재건에 매달려야 할 겁니다. 그렇게 해도 현재 우리가 누리고 있는 것들을 다 복구하는 건 불가능할지 모릅니다. 그래서 전쟁은 어떻게 하더라도 피하려고 노력하는 것이지요.

전쟁을 하는 두 국가 간 힘의 차이가 크다고 해서 힘센 국가에 위험부담이 전혀 없는 것은 아닙니다. 미국은 과거 베트남전쟁에서 북베트남보다 압도적인 전력 우위에 있었습니다. 하지만 미국은 '베트남이라는 수렁'에 빠져 막대한 전쟁 비용을 지출해야 했고, 전쟁으로 인한 사회적 혼란도 감수해야 했습니다. 아프가니스탄을 침공한 막강한 군사력을 보유한 힘센 소련도 험준한 산악 지형에 익숙한 무자헤딘(아프가니스탄의 무장 게릴라 조직)의 게릴라 전술에 많은 피해를 입은 채 철군해야 했지요.

이렇듯 전쟁은 국력의 차이를 떠나 당사국 모두에게 깊은 상처를 남깁니다. 그래서 어떻게 해서든 전쟁이라는 파국만은 막아야 합니다. 전 세계 국가들의 갈등을 조율하고 해결하기 위해 국제연합UN을 만든 것도 그런 노력의 일환이지요. 그러나 그렇다고 전쟁이 없어졌나요? 막대한 피해를 끼치는 전쟁이 끊이지 않는 것은 다른 국가들이 벌이는 전쟁을 통해 이익을 얻는 사람이나 국가가 있기 때문이지 않을까요?

고대 로마의 정치가 키케로Marcus Tullius Cicero는 "무한한 돈이 전쟁의 핏줄을 이룬다"는 말을 남겼습니다. 그의 말마따나 전쟁에는 막대한 군수물자가 필요하고, 이런 군수물자를 충당하기 위해서는 막대한 돈이 필요합니다. 전쟁이 벌어지면 전쟁물자를 생산하고 공급하는 기업이나 국가는 막대한 이익을 거둘 수 있습니다. 전쟁이 끝난 후 재건 사업에 참여하는 기업과 국가들도 마찬가지고요.

이런 전쟁특수를 누린 대표적인 국가 중 하나가 일본입니다. 제2차 세계대전에서 패하고 주저앉은 일본에 얼마 전까지 식민 지배를 했던 한반도에서 일어난 전쟁은 한줄기 빛과 같았을 겁니다. 한반도에 지리적으로 인접한 일본은 한국전쟁에서 한국군과 유엔군의 병참기지 역할을 하였습니다. 일본은 한반도에서 쓰이는 전쟁물자와 일본에 임시 주둔하는 UN군의 물자까지 대량으로 생산해 경제적 이득을 누리며, 무너졌던 경제를 빠르게 재건해 나갈 수 있었지요. 일본은 한국전쟁뿐만 아니라 베트남전쟁에서도 미국의 병참기지로써 또 한 번 특수를 누렸는데요. 이 특수로 인해 재건 중 찾아온 경제 불황과 정치적 혼란을 극복하고 계속 성장할 수 있었습니다.

베트남전쟁으로 특수를 누린 국가는 일본뿐만이 아닙니다. 바로 우리 한국도 그렇습니다. 한국은 베트남에 대규모 병력을 파병했고, 만 명이 넘는 인적 피해도 입었습니다. 그 대가로 미국으로부터 경제적 지원과 전쟁 비용 보상을 받았고, 이는 당시 한창 발전하던 한국의 인프라 구축과 산업 발전에 중요한 자금이 되었지요. 베트남에 파견된 한국 건설회사와 인력들은 해외 건설 프로젝트를 통해 기술과 경험을 축적했고, 이는 이후 '중동 건설 붐' 때 큰 도움이 되었습니다. 또한 신발, 의류, 전자제품 등 전쟁 물자와 관련된 제조업이 급격히 성장했지요.

전쟁으로 경제적 특수를 누린 국가를 꼽으라면 미국을 빼놓을 수 없습니다. 하지만 미국은 그 양상이 다릅니다. 미국은 여러 굵직한 전쟁들에 스스로 주축이 되어 참여했습니다. 그중 가장 큰 규모였던 제1, 2차 세계대전만 해도 종전까지 백만, 천만 단위의 어마어마한 병력을 투입하는 등 전쟁의 직접적 당사국이었습니다. 앞서 말했듯 전쟁 수행에는 막대한 돈이 쓰이게 됩니다. 그런데 전쟁의 당사자인 미국은 어떻게 전쟁특수로 인한 경제적 이득을 누릴 수 있게 되었을까요?

그 이유는 미국이 참전하거나 벌인 대부분의 전쟁이 본토와 떨어진 해외에서 전개되었기 때문입니다. 그래서 미국은 본토의 생산시설들을 적국의 공격으로부터 안전하게 보전한 채 가동할 수 있었습니다. 총동원 체제로 민간기업의 생산시설까지 전쟁물자 생산에 동원한 미국은 막대한 양의 무기를 생산해 유럽에 보내게 되었습니다. 당시 미국의 일자리는 이런 전쟁으로 인해 많이 늘어나게 되었지요. 전쟁에 나간 남성을 대신해 여성이 생산에 투입되어 여성 일자리 또한 크게 늘었습니다. 월급 받는 일자리가 늘면 국민들의 개인소득도 늘게 되지요. 미국인의 개인소득은 전시생산 체제 이후로 크게 늘었고, 소득이 높아진 미국인들은 전쟁이 끝난 이후 본격적으로 온갖 상품들을 소비하기 시작했습니다. 소비 활황에 힘입어 전후 미국 경제는 호황에 접어들었고, 초강대국 미국의 시대를 열었습니다.

중국 위안화, 달러 패권에 도전!

기축통화가
바뀔 수 있을까?

현재 전 세계에서 무역이나 금융거래를 할 때는 대부분 달러를 사용합니다. 이처럼 국제무역과 금융거래에서 주요한 결제수단으로 사용되는 통화를 기축통화基軸通貨·Reserve Currency라고 하지요.

기축통화가 되기 위한 첫 번째 요건은 신뢰성과 안정성입니다. 국제거래에서 결제수단으로 사용되기 위해서는 경제적으로나 정치적으로 안정된 국가의 통화여야 신뢰를 받을 수 있겠지요. 두 번째는 유동성입니다. 국제무역과 금융시장에서 쉽게 거래될 수 있을 정도로 많이 퍼져있어야 하지요. 세 번째는 경제 규모와 영향력입니다. 통화 발행국의 경제 규모가 세계경제에 영향을 미칠 수 있을 정도로 커야 합니다. 그래야 그 나라 통화가 세계적으로 널리 사용될 수 있겠지요. 유로€, 일본 엔¥, 영국 파운드£, 중국 위안¥ 등도 주요 기축통화라고 할 수 있지만, 제2차 세계대전을 거치면서 구축된 미국의 경제력과 군사력을 고려해볼 때 달러$만큼 강력한 기축통화는 없습니다.

이런 달러의 막강한 기축통화로서의 파워는 세계를 쥐고 흔들 수 있는 미국의 강력한 무기 중 하나입니다. 자국의 화폐가 기축통화라는 것은 국제무역과 금융시장에서 유리한 위치를 점할 수 있다는 뜻이지요. 외환거래의 비용을 절감할 수 있고, 더 낮은 금리로 자금을 조달할 수 있어서 국가부채의 이자 비용을 낮출 수도 있지요. 또한 통화 스와프협정을 체결하여 금융위기 시 다른 국가들을 지원할 수도 있는데, 이는 기축통화 발행국의 국제적 영향을 강화하는 데 중요하게 작용합니다.

하지만 미국의 이런 기축통화국으로서 절대적인 지위를 가만히 두고 볼 수 없는 국가도 있습니다. 당연히 중국이겠지요. 중국은 언제나 미국의 패권국 자리를 노리고 있습니다. 때마침 사우디아라비아와 미국 간의 '페트로 달러 체제(석유 거래가 주로 미국 달러로 이루어지는 국제경제 시스템)'가 약화되고 있습니다. 새로운 기술 개발로 지하 깊숙이 위치한 셰일층에서 가스를 상업적으로

채굴할 수 있게 되면서, 미국의 에너지 수입 의존도가 크게 줄어들었기 때문입니다. 이에 따라 사우디아라비아와 미국의 관계가 악화되고 있으며, 최근에는 미국이 사우디아라비아의 정치 체제에 대해 비난하면서 긴장이 더욱 고조되었습니다. 이란의 핵 보유가 임박해 오면서 사우디는 미국의 보호에 의문이 들기 시작하기도 했고요.

이런 절호의 기회를 중국이 놓칠 리가 없습니다. 중국은 사우디는 물론 다른 중동 산유국들에 접근해 경제·안보 분야에서의 협력을 제안하면서 석유와 가스를 위안화로 결제하는 방식을 협상하고 있습니다. 거기에 사우디 정치체제에 대해 간섭하는 미국과 달리 중국은 정치에 간섭하지 않겠다는 조건까지 걸어 놓았지요. 달러가 강력한 기축통화의 지위를 유지하는 데 결정적 역할을 하고 있는 '페트로 달러 체제'에 위안화를 침투시켜 흔들어 놓겠다는 것입니다.

중국 위안화,
달러 패권에
도전!

미국이 강력한 이유 중 하나,
바로 전 세계가 쓰는 기축 통화 '달러'의
주인이라는 것!
뭐? 우리 지금
돈이 부족해?
괜찮아, 괜찮아 ㅎㅎ
국채 좀 발행하고
달러 더 찍어내면 된다구~

하지만 2008년 금융위기를 시발점으로
미국의 신용에 대한 믿음이 흔들리면서
달러 패권 또한 의문이 제기되고 있는데!
츄릅
SDR
(IMF 특별인출권)
핥짝
가상화폐
모르는 소리!
그래도 기축통화는 아직 달러야!
저런 아마추어들이
날 대체할 순 없어!

이 기회를 그냥 보낼 수 없다!
슈퍼파워를 꿈꾸는 한 국가가 있었으니…
미 국채 팔고 금 사는 중국… 미 국채 최대 보유 中 ➡ 日로
흐흐흐…
대국굴기….
대국굴기는 온다…
미국 국채
매도▶
매도▶
매도▶

금리를 너무 올렸나!
미국의 신뢰도가
떨어져 버린다구…!
실리콘밸리은행
파산 사태
svb
핫!
미국의 은행들이
휘청이는구나!

경제적 신용이 손상돼도
나머지 기둥이 버티고 있는 한
달러 패권은 견고해…
이때 다른 기둥도
흔들어놔야 한다!
에이 뭐 연속
파산 하겠어?
기축통화국
강력한
군사력
석유값
달러결제
경제적
신용

기름집 선생님들~
내가 매상도 올려주는데
이제 달러 말고 위안화 좀 받지?
상부상조하자구!
?

안 그래도 요즘
미국한테 빈정 상했는데,
중국과 협력해보는 것도
나쁘지 않겠어잉 ㅎㅎ
감상다 따거!
中, UAE산 LNG 위안화로 최초 거래
사우디, 中 주도 상하이협력기구 가입
그래~
요번 LNG 결제는
위안화로 해!

안절부절
우리는 어쩔 수 없이 달러에서 벗어나야 해.
러시아선 위안화가 달러 대체
브라질, "남미와 BRICs 공동화폐 만들자"
말레이, 中과 '아시아통화기금' 설립 논의
BRICS
미국 금리 때문에 신흥국 죽는다… 우리끼리 뭉쳐야 해!
이하동문! 우리 신흥국끼리의 경제 시스템을 한번 만들어보자구!

너무 걱정하지 마, 위안화는 아직 엔이나 유로만도 못하다구. 달러에 되겠어?
IMF (국제통화기금)
INTERNATIONAL MONETARY FUND
쟤가 방금 가스를 위안화로 샀어! 석유·가스의 달러결제는 달러 패권의 주축인데…!

세계의 돈,
달러 이야기

그런데 언제부터 달러가 이런 지위를 차지했을까요?

달러 이전의 기축통화는 영국의 파운드였습니다. 18세기 후반부터 산업혁명과 활발한 해상무역을 통해 경제적·군사적 강국으로 부상한 대영제국은 전 세계에 걸쳐 광범위한 식민지를 경영하면서 글로벌 경제를 지배했고, 자연스럽게 영국 파운드가 국제무역에서 주요 결제수단으로 사용될 수 있었습니다. 세계 금융의 중심지로 성장한 런던의 금융시장은 국제대출, 투자, 보험 등의 중심지가 되었고, 파운드는 금융거래에서도 기본통화가 되었지요. 파운드의 가치를 일정량의 금으로 고정시키는 '금본위제'를 공식적으로 도입한 영국의 정책도 국제무역과 투자에서 파운드의 신뢰성을 높이는 데 중요한 역할을 했습니다.

하지만 제1차 세계대전으로 유럽이 화마에 휩싸이면서 영국도 그 불길을 피해갈 수 없었습니다. 영국 경제는 큰 타격을 입었고, 전후 경제 회복 과정에서 금본위제를 유지하기 어려워졌지요. 전쟁 동안 막대한 재정 지출로 영국의 금 보유량이 감소해서 파운드의 가치를 유지하기 어렵게 된 것입니다.

반면 영국과는 달리 제1차 세계대전으로 큰 수혜를 입은 국가가 있었습니다. 바로 미국입니다. 제1차 세계대전 이전에는 유럽과 정치, 군사적으로 거리를 두고, 경제도 내수 중심으로 운영해오던 미국은 전쟁 초기부터 연합국에게 전쟁물자를 공급하며 중요한 역할을 해나가기 시작했고, 연합국에게 대규모 자금을 지원하며 국제금융의 중심국가로도 부상했습니다. 제2차 세계대전에서도 마찬가지로 미국은 연합군에게 막대한 무기와 물자를 공급했습니다. 그러기 위해 군수산업을 급격히 확장했고, 미국의 산업 생산력은 전쟁 기간 동안 급격히 증가했지요. 전쟁이 끝난 후에는 '마셜플랜'을 통해 유럽의 재건과 경제 회복을 지원했는데, 이를 통해 미국의 경제적 영향력도 확대됐습니다. 전쟁의 피해로 인해 통화가치가 불안정했던 유럽은 미국의 경제적 우위를 인정할 수밖에 없었지요.

그래서 1944년 7월 미국의 브레튼우즈에서 44개 연합국이 모여 전후 세계경제 질서를 재건하고 안정화하기 위해 새로운 금융 시스템을 만들었습니다. 국제통화기금IMF과 국제부흥개발은행 IBRD, 현재의 세계은행을 설립했고, 금본위제 기반의 고정환율제를 도입했지요. 제2차 세계대전을 거치면서 미국은 세계 최대의 산업생산력을 갖췄고, 금 보유량도 막대해서 새로운 국제경제 질서를 주도할 수 있는 위치에 있었습니다. 그래서 달러를 금 일정량에 고정하고, 다른 국가들의 통화는 달러에 고정하는 고정환율제를 도입하기로 했습니다. 이른바 '브레튼우즈 체제'가 출범한 것이지요. 이 체제를 통해 미국 달러는 현재까지 가장 강력한 기축통화로 자리매김하게 됩니다.

브레튼우즈 체제는 제2차 세계대전 후 세계경제 회복과 안정에 중요한 역할을 했습니다. 하지만 전쟁으로 생겨난 브레튼우즈 체제는 또 다른 전쟁으로 무너지게 됩니다. 미국에게 베트남전쟁은 제2차 세계대전과는 달랐습니다. 시작부터 전쟁 당사자로 참여한 장기 소모전이어서 미국은 막대한 전쟁 비용을 쓸 수밖에 없었고, 재정적자는 크게 늘어났습니다. 미국은 전쟁 비용을 충당하기 위해 달러를 과잉 공급했고, 그로 인해 달러 가치는 점차 하락했습니다. 다른 국가들로부터 달러에 대한 신뢰를 잃었지요.

브레튼우즈 체제에서 미국 달러는 금과 일정량 연계되어 있었는데, 늘어난 달러 통화량은 미국의 금 보유고를 뛰어넘게 되었습니다. 즉, 달러를 금으로 바꾸고자 할 때 달러와 연계된 일정량의 금을 모두 받지 못하게 된 것이지요.

여기에 경제 회복을 이룬 유럽이 미국에 무역흑자를 거두며 미국은 무역적자마저 확대되었습니다. 이 일련의 사태들을 지켜보던 세계의 국가들은 자국이 보유한 달러를 금으로 바꿔달라는 요구 금태환·金兌換·Gold Exchange 를 미국에 합니다. 특히 프랑스의 요구가 결정적이었지요. 그래서 결국 미국의 닉슨 대통령은 1971년, 달러의 금태환을 중지하는 결정을 하기에 이르렀고, 브레튼우즈 체제는 종말을 맞게 됩니다. 이후 각 국가들이 시장의 수요와 공급에 따라 환율이 결정되는 변동환율제를 채택하는 '킹스턴 체제'가 1976년 자메이카 킹스턴에서 열린 IMF회의에서 출범했고, 이 킹스턴 체제는 지금까지 이어지고 있습니다. 그런데 브레튼우즈 체제가 무너지고 변동환율제가 도입된 상황에서도 달러는 여전히 기축통화로서의 강력한 지위를 유지하고 있습니다. 그 이유는 무엇일까요?

첫 번째는 석유 거래에서 미국 달러가 사용되는 '페트로−달러 체제' 때문입니다. 1973년 아랍과 이스라엘의 전쟁 이후 석유 수출국기구OPEC는 석유 수출을 제한하고 가격을 대폭 인상했습니다. 이로 인해 전 세계 석유 가격이 폭등했고, 석유가 국제경제에서 더욱 중요해졌지요. 1974년, 미국과 사우디아라비아는 협정을 맺습니다. 미국이 사우디아라비아의 군사적, 경제적 안보를 보장하고, 그 대가로 사우디아라비아는 석유를 미국 달러로만 거래하기로 한 것이지요. 이 협정은 다른 OPEC 회원국들도 석유 거래를 할 때 달러만 사용하도록 만들었지요.

두 번째는 세계 최고를 자랑하는 미국 경제력입니다. 기술 혁신을 통한 높은 생산성을 바탕으로 성장을 계속하고, 안정적인 금융시스템도 갖추고 있는 미국 경제의 압도적인 규모와 안정성이 달러의 신뢰성을 높여 국제 무역과 금융거래에서 달러의 선호도를 계속 높게 유지하고 있는 거지요.

하지만 절대적인 기축통화로서 미국 달러의 지위는 계속 도전받고 있습니다. 세계 2위 경제대국으로 부상한 중국이 위안화의 국제적 사용을 적극적으로 추진하고 있고, 글로벌 경제도 브라질, 러시아, 인도 등 브릭스BRICS 국가들과 다른 신흥시장들이 성장하며 점점 더 다극화되면서 아시아, 유럽, 남미 등에서 지역적 통화 협정이 강화되고 있습니다. 또한 암호화폐의 등장과 확산은 전통적인 통화 시스템에 큰 균열을 일으키고 있습니다.

과연 미국은 앞으로도 기축통화국 지위를 사수해 강력한 경제 패권을 계속 유지할 수 있을까요?

3
출산율
0.6

아기 울음소리가 사라진 한국?

"대한민국 완전히 망했네요, 와!"

이 탄식은 2023년 방영된 EBS 다큐멘터리에서 조앤 윌리엄스 캘리포니아 법대 명예교수가 0.7명 대의 한국 합계출산율을 보고 내뱉은 말입니다.

한국은 지금 세계 초유의 초저출산을 경험하고 있습니다. 한국의 2023년 합계출산율은 0.72명으로, 세계 신기록 경신입니다. 심지어 심각한 저출산의 늪에 빠진 것으로 유명한 이웃 나라 일본도 한국보다는 나은 수준으로, 1.2명 대의 합계출산율을 기록했습니다. 이런 상황 속에 한국 정부는 2030년까지 합계출산율 1.0명대 회복을 목표로 세웠습니다. 저출산의 대명사 일본의 출산율이 한국이 필사적으로 달성하고자 하는 목표가 되어버린 아이러니한 상황입니다.

저출산은 고령화와 함께 사회에 부작용을 초래합니다. 노동인구가 줄어들면서 전반적인 생산성이 저하되고, 인구가 줄어들면 소비가 감소해 매출의 대부분을 국내시장에 의존하는 내수기업들도 극심한 타격을 받을 수밖에 없습니다. 이렇게 차츰차츰 경제성장 동력은 꺼져가게 되는 것이지요. 또한 고령인구가 늘면서 의료·연금과 같은 복지 비용이 증가합니다. 하지만 노동인구의 감소로 개인들이 부담해야 할 세금은 그만큼 더 늘어나게 되고, 사회적인 갈등도 커지게 됩니다. 현재 한국 사회에서도 청년층, 중장년층, 그리고 노년층의 세대 갈등을 쉽게 찾아볼 수 있지요. 이렇게 인구구조의 변화로 발생하는 문제들로 인해 세대 간 갈등이 새롭게 발생하거나 더 심화될 수도 있습니다. 이런 갈등을 부추겨 이익을 얻으려는 세력들에 의해 정치적 불안정성이 커질 수도 있고요.

저출산은 국가에 장기적으로 나쁜 영향을 미칩니다. 게다가 한국의 초저출산은 유례를 찾을 수 없는 정도여서 앞으로 어떤 악영향이 더 생겨날지 예측하기 어렵고 대응하기도 어렵다는 점이 가장 무섭습니다.

대체출산율은 인구가 현재 규모를 유지할 수 있는 출산율을 말합니다. 한 세대가 다음 세대로 대체되기 위해 필요한 출산율로, 일반적으로 2.1명으로 계산합니다. 두 명의 부모를 대체하기 위해 2명의 자녀가 필요한데, 0.1명을 추가하는 이유는 자녀가 어린 나이에 사망하거나 자녀를 낳지 못하는 경우를 고려한 것이지요. 한국의 합계출산율은 1980년대에 이미 대체출산율 아래로 떨어지기 시작했고, 그 속도가 더욱 가속화되며 2000년대에는 1명대까지 떨어졌습니다. 그래서 한국은 이 문제를 해결하기 위해 지난 20여 년간 약 300조 원에 달하는 막대한 예산을 지출했습니다. 하지만 2018년에 이르러 한국의 합계출산율은 결국 1명대 이하로 진입하게 됩니다. 막대한 예산을 쏟아붓고도 근본적인 문제를 해결하지 못한 결과, 한국의 저출산 정책은 철저하게 실패했습니다.

한국의 저출산 원인은 복합적입니다. 먼저 높은 주택 가격, 교육비, 젊은 층의 실업률 등 경제적 원인을 꼽을 수 있습니다. 결혼과 출산에 대한 전통적인 가치관이 변했고, 여성의 사회활동과 경제활동이 늘면서 출산과 육아에 따른 경력 단절 문제도 있지요. 아이를 키우는 데 필요한 보육 시설이 부족하고, 육아휴직

사용이 어려운 점 등 꼭 필요한 사회적 지원 시스템의 부족도 원
인입니다.

원인이 복합적이기 때문에 해결책 또한 경제적, 사회적, 문화
적, 정책적 측면에서 포괄적인 접근이 필요하겠지요. 한국 사회
는 저출산 문제를 해결하기 위한 연구와 노력을 계속하고 있으
나, 2023년 4분기 합계출산율 0.6명대를 기록하고 맙니다. 요즘
우리는 주변에서 '비혼'을 선언하는 사람들을 쉽게 찾아볼 수 있
습니다. 한국은 이 위기 상황을 어떻게 타개해야 할까요?

출산율 0.6

그게 말야…
얘 4분기 합계출산율
0.6명이 찍혔대…
에엑?!
이야…
우리 코도 석자지만
얘는 대체 뭐냐?
0.6이면 세계신기록인데?
출산율 0.6명대 추락… 세계 역사상 '최저'

넌…!
넌 날 욕하지 마!
0.6…?!
0.6이 뭐 어때서!
불쑥
이건 말이지… 흐흐…
코로나 때 청년들이 결혼식을
못 올려서 일시적으로 나타나는
현상일 거라구…
흐흐….

야, 그렇다고 쳐도 0.6명이 말이 되냐. 전쟁통인 우크라이나도 0.7명은 찍는데…
흐흐… 반등… 반등은 온다…
부정>분노>협상>우울>수용
아 그거?
아무래도 쟤 죽음 인지과정의 5단계 중 부정 단계를 겪고 있는 것 같아.

가는 날이 장날이라고 내가 또 출산율 3명에 가까운 강사님을 모신 참이었어!
하하하!
이스라엘 합계출산율 3.00명(2021, OECD)
뭐야? 너 가자지구에서 전쟁 안 하고 여기서 뭐 해?
헤헤.
나 요새는 좀 널널해~
이스라엘, '저강도 장기전' 전환

뭐, 사실 내 높은 출산율은 딱히 별 노력이랄 건 없어! 자손을 번성시키는 것은 유대교의 당연한 문화라구!
여기서 반대로 생각해 봐! 너희의 낮은 출산율도 사실 문화적인 문제가 아닐까? 왜 너희는 자꾸 경제적인 해결책으로만 문제를 해결하려 하지?

뭔 소리야? 지금이 얼~마나 애 낳기 좋은 세상인데? 요즘 애들이 몰라서 그렇지!
맞아 맞아
???
에휴… 난 말했다? 알아서들 해 보셔~ 난 부대 복귀할라니까.

… 정말일까?
기성 사회문화에 대한
청년들의 피로감을
우리가 모르는 거였나?
글쎄…
무슨 소리!
나 때는 말야!
쪽방에서 애 셋을 키웠어!
요즘 젊은이들이 눈만
높아져서는!!
… 앗!
2단계 '분노'다!

베이비붐이란?

'베이비붐'이라는 용어를 들어보셨나요? 현재 한국의 50대에서 60대의 사람들을 '베이비붐 세대Baby boomers'라고 부르곤 하지요. 베이비붐은 전쟁 이후, 경제 호황기 등 특정한 역사적 사건이나 기간 동안 출산율이 폭발적으로 증가하는 현상을 말하는 용어입니다. 그 시기에 태어난 사람들을 '베이비붐 세대'라고 하고요. 이런 현상은 여러 나라에서 다양한 시기에 발생했는데, 대표적인 사례들을 살펴보겠습니다.

첫 번째는 미국, 영국, 프랑스, 소련, 독일, 일본 등 제2차 세계대전을 겪은 국가들로, 베이비붐 시기도 대체적으로 1945년부터 1960년대까지로 비슷하지요. 미국은 1945년 제2차 세계대전이 끝나자 참전했던 군인들이 집으로 돌아오면서 결혼과 출산이 급격히 늘었습니다. 전쟁 후 급속도로 성장한 미국의 경제 상황으로 인해 미국인들의 생활 수준이 전반적으로 향상된 것도 출산율을 높이는 데 한몫했지요. 이때 태어난 미국의 베이비붐 세대 숫자는 무려 약 7,600만 명 내외로 당시 미국 전체 인구 2억 6천만 명의 30%에 달했습니다. 이 세대는 1960년대와 1970년대에 대규모 노동력을 공급하며 산업 발전에 기여했고, 주택, 자동차, 가전제품 등의 소비도 촉진하며 경제성장을 이끌었지요. 또한 이들은 베트남전쟁 참전을 반대하는 반전운동을 이끌어 1973년 파리 평화협정을 맺고 미군이 베트남에서 철수하게 만들었습니다. 1960년대 중반부터 70년대 초반까지 미국의 젊은 세대 사이에서 일어난 '히피운동'은 1950년대의 보수적인 사회 분위기와 기성세대의 전통적인 가치에 반발하면서 새로운 삶의 방식을 찾기 시작했고, 평화와 비폭력을 추구하며 당시 미국 사회의 큰 변화를 이끌었습니다.

유럽에서도 전쟁이 끝나고 사회가 안정되면서 결혼과 출산율이 급격히 증가했습니다. 국가마다 조금씩 차이는 있지만 경제가 빠르게 회복되면서 생활수준이 향상되었고, 주택 보조금, 가족 수당 등 유럽 국가들이 도입한 복지정책도 출산율 증가에 기여했지요. 1968년 프랑스에서 학생과 노동자들이 드골 정부의 보수적이고 권위적인 정치에 반발해 더 많은 정치적 자유와 민주화를 요구하고, 교육 개혁과 더 많은 학문적 자유를 요구하는 '68혁명'이 일어났습니다. 프랑스의 젊은 세대도 미국의 히피운동, 영국의 비틀즈 등 새로운 문화 흐름에 영향을 받아 기존의 전통과 권위를 거부하고 새로운 문화를 받아들이고자 했습니다.

이처럼 베이비붐 세대는 전 세계적으로 기성세대의 전통과 권위를 거부하고 평화, 비폭력, 인권 등을 존중하는 새로운 문화 혁명을 이끌어갔습니다.

일본은 전쟁에서 패한 1945년 이후 3년여의 기간에 단카이團塊 세대라고 불리는 베이비붐 세대가 태어났고, 베트남도 전쟁이 끝난 1975년부터 1980년대 중반까지 베이비붐 현상이 일어나 인구 구조에 큰 변화가 생겼습니다.

한국에서도 6.25전쟁이 끝난 뒤인 1955년부터 1974년까지 베이비붐 세대가 출현합니다. 이 기간 동안 매년 90만 명이 넘는 아이가 태어났지요. 폭발적인 출산율로 인해 정부가 1961년부터 산아제한 정책을 시행했을 정도였습니다. 하지만 산아제한 정책 아래에서도 높이 유지되던 출산율은 1980년대에 들어서며 서서히 줄어들기 시작합니다.

한국의 베이비붐 세대는 세계에서 유례를 찾아보기 어려울 정도로 고도성장한 한국 경제를 이끈 주역이었고, 군사독재를 종식시키고 민주화를 이룩했죠. 하지만 이제는 은퇴했거나 은퇴를 준비하는 단계에 접어들었습니다. 현재 맞이하고 있는 베이비붐 세대의 대규모 은퇴는 곧바로 산업 현장에서 숙련된 노동력의 부족으로 이어지고, 이에 따라 국가의 생산성이 떨어지고 경제성장의 둔화로 이어질 수 있습니다. 또한 급격히 떨어지고 있는 출산율과 베이비붐 세대의 대규모 은퇴가 겹치면서 경제활동을 하지 않는 고령인구의 비율이 급격히 증가하여 여러 가지 사회문제를 야기할 수 있습니다. 대표적으로 의료, 복지 비용이 증가하고 연금 재정이 악화되어, 이를 감당해야 할 젊은 세대와 갈등이 발생할 수 있습니다. 이런 문제는 한국뿐만 아니라 베이비붐 현상이 있었던 모든 국가들이 현재 공통적으로 떠안고 있는 문제입니다.

이 새로운 도전을 슬기롭게 해결해야 고도의 압축성장과 민주화, 두 마리 토끼를 잡는 데 성공한 대한민국이 계속 성장 동력을 유지할 수 있지 않을까요?

인구는 힘이다.

- 마오쩌둥(중국의 초대 주석)

4

리버스 탈원전

에너지 위기 속
다시 부상하는 원자력발전?

2024년 7월, 한국이 체코 원자력발전소(이하 원전) 수주의 우선협상대상자로 선정되었습니다. 아랍에미리트UAE 바라카 원전 수주 이후 두 번째로 해외 원전 수주를 맡을 가능성이 커진 것이지요. 그리고 체코 원전을 성공적으로 건설한다면, 최근 원전 수요가 증가한 유럽에 원전을 추가로 수출할 수 있는 계기가 될 수도 있을 겁니다.

그런데 유럽은 2010년대 이후부터 원전을 폐기하거나 수명이 다하면 운영을 멈추는 '탈원전' 정책을 추진하고 있었는데요. 그랬던 과거와는 반대로 유럽의 원전 수요는 현재 늘어나고 있습니다. 유럽의 탈원전 정책이 사실상 폐기 수순에 들어간 듯합니다. 유럽은 왜 그럴까요?

1986년, 소련의 체르노빌 원전 사고로 누출된 방사능이 유럽까지 퍼지게 됩니다. 이 사고로 세계는 원자력발전의 위험성을 느끼고 원자력 안전 규제를 강화했습니다. 그리고 2011년, 일본의 동북부 해역에서 발생한 동일본 대지진으로 인한 쓰나미가 후쿠시마 원전을 강타해 방사능이 누출되는 사고가 또 발생하면서 원자력발전의 위험성을 묵과할 수 없다고 생각한 유럽 국가들은 탈원전을 공식화하기 시작했습니다.

독일은 후쿠시마 원전 사고 이후 "2022년까지 원전을 완전 퇴출시키겠다"는 탈원전 계획을 추진했는데요. 그 결과로 독일 전기생산량에서 원전이 차지하는 비율은 2010년 22%에서 2020년 11%로 대폭 줄었습니다.

원전 강국인 프랑스도 후쿠시마 원전 사고 이후 "2035년까지 원전 비중을 72%에서 50%로 줄이겠다"는 에너지계획안을 발표했습니다. 원자력 의존도를 줄이고 재생에너지와 친환경 기술에 투자해 원자력발전 의존도를 줄이겠다는 계획이었습니다.

독일과 프랑스 이외에도 스위스, 벨기에, 이탈리아 등 많은 유럽 국가들이 원전 규모 축소나 완전 폐기에 나섰습니다. 유럽은 원전 대신 재생에너지로의 전환을 추진해 관련한 인프라와 친환경 기술에 투자했습니다.

하지만 러시아-우크라이나 전쟁으로 상황이 달라졌습니다. 유럽이 우크라이나를 전폭적으로 지원하면서 곤경에 빠진 러시아는 유럽에 수출하던 천연가스를 차단해 버렸는데요. 천연가스를 러시아에서 주로 수입하던 유럽의 에너지 가격은 공급량 감소로 크게 상승했고, 유럽에는 에너지 위기가 뒤따랐습니다.

에너지 안보에 위기를 느낀 유럽은 러시아산 에너지 의존도를 줄이기 위해 다양한 노력을 시도했습니다. 노르웨이, 미국, 카타르 등 다른 국가로부터 액화천연가스LNG 수입을 확대했고, 태양광, 풍력 등 재생에너지의 비중을 높여 에너지 자립도를 강화하려는 노력에 박차를 가했습니다. 무엇보다 충격적인 것은 원자력을 탄소중립 목표와 에너지 안보를 달성할 수 있는 방안으로 재평가하고, 기존 원전의 수명을 연장하거나 신규 원전을 건설하는 방안이 추진되고 있다는 점입니다. 이렇게 유럽의 원자력발전은 다시 살아나는 걸까요?

리버스 탈원전

경사 났네!
24조원 규모 체코 원전의
수주를 사실상 따냈어!
K-원전이 유럽에
깃발을 꽂는다구!
韓, '24조' 체코 원전 우선협상대상자 선정
내 홈그라운드인 유럽에서
한국에게 지다니!
너 인마 한국 수주 주고
뒤로 무기 받는 거
아냐?!
체코 내각 만장일치로 韓원전 선택… 프랑스 눌렀다

무슨 소릴 하는 거야!
너 원전 공사
공기 못 맞춘다고
핀란드가 뒷다마
엄청나게 까더만!
아~ 거 참.
프랑스인 식사시간
긴 거 몰라?
좀 늦을 수도 있지~
하지만 한국은
UAE 원전 1호기를
3년 만에 완공했어!
얘네는 돈만 잘 주면
납기일이 번개라구.
야근 특근은
익숙하니까…
韓, '정해진 예산 내 적기 시공' 전략 주효

그리고 대금이 24조?!
내 절반 정도 가격이잖아?
너 유럽에서 실적 내려고
적자 봐가면서
덤핑하는 거 아냐?
체코 원전 수주, 일각선 '덤핑 논란'
획
UAE ★★★★★
사막에서 3년만에 1호기 건설 ㄷㄷ
로켓배송 칼같네요
대한민국(사장님)
고객님~♥ 별 5개 만족리뷰 감사해요~
많이 더웠지만 고객님의 만족을 위해
무슈,
우린 이걸 덤핑이 아니라
가격경쟁력이라고 해요~
UAE 바라카 원전도
20조에 잘만 만들었구만
ㅋㅋㅋ

다시 원전 바람이 부는 유럽… 체코에서 교두보를 마련하고 유럽의 원전들을 내가 싹 다 수주를 따온다면… 이게 얼마여… 흐흐…
앤 뭐여?
그게 그거 아녀?
한국수력원자력㈜
KOREA HYDRO & NUCLEAR POWER CO., LTD
보스! 지금 우선협상대상으로 선정됐을 뿐이지 아직 계약서 싸인한 게 아니란 거 기억하세요! 조금만 침착…!

아이~ 정말 한국 저거 저 놈 내 나와바리에서 무기 팔고 원전 팔고 거슬린단 말야…
마크롱, "韓무기 구매 자제 요청…" K-방산 견제 나서
야, 너네 유럽은 몇 년 전까지는 탈원전한다 그러더니 왜 갑자기 원전 짓고 수주한다고 안달이야?

아으 그냥 셰일가스, 석유 펑펑 나온다고 유럽 에너지 문제에 별 관심이 없구만?
크크
유럽, 탈원전 정책 사실상 폐기 나서
우크라이나를 포기하는 자! 석유의 은총이 있을 것이다!
러시아가 가스를 끊으며 유럽은 에너지 위기를 심하게 겪었어… 더 이상 러시아의 에너지에 의존할 순 없다구.

그렇다고 재생에너지로 에너지 소요를 대체하자니 재생에너지는 수율이 너무 낮고…
하… 오늘도 날이 흐리네…
반면에 국가적 사업이 된 AI는 전기를 엄청나게 먹어! 전기 먹는 하마라니까?
원전이 답이여~
히잉~ 밥 조~
‘전기 먹는 하마’ AI… 전력인프라 중요성 대두

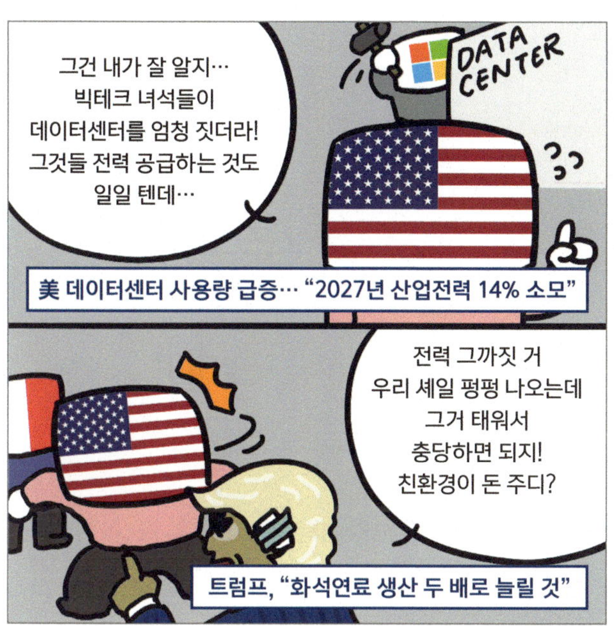
그건 내가 잘 알지…
빅테크 녀석들이
데이터센터를 엄청 짓더라!
그것들 전력 공급하는 것도
일일 텐데…
DATA CENTER
美 데이터센터 사용량 급증… "2027년 산업전력 14% 소모"
전력 그까짓 거
우리 셰일 펑펑 나오는데
그거 태워서
충당하면 되지!
친환경이 돈 주디?
트럼프, "화석연료 생산 두 배로 늘릴 것"

체르노빌
VS
후쿠시마

1986년, 소련 우크라이나 공화국(현 우크라이나) 프리피야트 인근의 체르노빌 원전에서는 안전 테스트가 진행되고 있었습니다. 원자로가 외부 전력과 연결되지 않은 상태에서도 가동될 수 있는지를 확인하기 위한 테스트였습니다. 하지만 발전소 직원이 실수를 저지르며 몇 가지 중요한 안전 시스템이 해제되었고, 안전 시스템 없이 진행된 테스트 도중 원자로는 폭주했습니다. 결국 체르노빌 발전소의 원자로는 두 번의 폭발을 일으킵니다. 첫 번째 폭발로 원자로가 파괴되었고, 연이은 두 번째 폭발은 파괴된 원자로의 방사성물질을 대기 중으로 흩뿌렸습니다.

사고 직후 반경 30km 내 주민들에 대한 대피령이 내려졌습니다. 발전소 직원과 지역 소방관들이 화재 진압에 투입되었고, 후

처리와 전화 작업에도 많은 인력이 투입되었습니다. 소련은 이들 중 30여 명이 사망했다고 발표했으나, 이외에도 많은 사람들이 심각한 방사선 피폭을 당해 암이나 기타 질병으로 사망했을 것으로 추정됩니다.

또한 널리 퍼진 방사성물질 때문에 사람들의 암 발생률이 증가했습니다. 사고 지역 어린이들의 갑상선암 발생률은 10배나 급증했습니다. 사고 이후 선천적 기형과 같은 심각한 건강 문제를 가진 아이들이 태어나기도 했습니다.

체르노빌 원전 사고 이후 전 세계가 충격에 빠졌습니다. 소련은 초기에 사고를 은폐했는데요. 방사성물질이 전 유럽에 확산해 대응하기 힘든 상황이 되어서야 사고를 공개했고, 유럽과 소련은 외교적 갈등을 빚었습니다. 이러한 소련의 대내외적 신뢰의 손상은 소련 붕괴의 원인 중 하나가 되었습니다. 체르노빌 원전 사고의 피해는 소련 당국의 은폐로 정확하게 집계되지 않았습니다.

사고 직후, 소련은 방사능 추가 누출을 막기 위해 사고 원자로를 콘크리트 석관으로 덮었습니다. 그러나 시간이 지나며 점차 부식되기 시작한 석관의 안정성이 떨어져, 사고 후 30년이 지난

2016년에 새로운 안전덮개를 석관 위에 추가로 설치하여 방사능 누출을 막고 있습니다.

체르노빌 원전 사고 이후 국제 원자력 안전 기준이 강화되고, 원전의 안전성을 높이기 위한 국제적 협력이 증가했습니다. 하지만 2011년에 일본 후쿠시마에서 또다시 원전 사고가 발생하면서 원자력발전의 위험성 문제가 다시 야기되기 시작합니다.

2011년 3월 11일 일본 동북부 해역에서 발생한 진도 9.0의 대지진으로 후쿠시마 원전에 전력 공급이 차단되었고, 연이어 발생한 쓰나미로 비상 전력 공급시스템도 피해를 입고 가동이 중단되었습니다. 전력이 공급되지 않자 원자로의 냉각시스템도 작동을 멈췄고, 냉각되지 못한 원자로는 과열되어 녹아내리기 시작했습니다. 녹아내리는 원자로는 수소 가스를 생성했고, 건물 내에 가득 차게 된 수소는 4일 동안 세 번의 폭발을 일으킵니다. 원자로의 손상과 폭발로 방사성물질이 대기 중으로 방출되었고, 원자로를 냉각시키기 위해 해수를 사용한 결과, 오염수가 대규모로 유출되어 광범위한 바다 지역이 오염됐습니다.

원전 사고를 대하는 일본 정부의 미흡했던 대처는 많은 비판을 받았습니다. 사고 초기에 방사능 누출 위험성이 명확해졌을 때도 주민 대피 명령을 늦춰서 피해를 키웠습니다. 사고 직후에도 방사능 누출 상황 등 중요한 정보를 신속하고 정확하게 공개하지 않아 불안감을 키웠고, 사실을 축소, 은폐하려 한다는 불신을 초래했지요. 오염수 관리에도 실패했습니다.

사고 이후 과열되어 녹아버린 원자로를 냉각하기 위해 계속해서 물을 주입했고, 파괴된 원자로와 접촉한 물은 방사능에 오염되었습니다. 심지어 시간이 지날수록 지하수와 빗물도 계속 유입되면서 오염수는 더욱 늘어났습니다. 2024년을 기준으로 약 130만 톤의 오염수가 탱크에 저장되어 있다고 합니다.

일본은 이 오염수를 태평양에 방류하기로 결정, 2023년부터 방류를 시작했습니다. 한국, 중국을 비롯한 인접국과 국제 환경 단체들은 일본의 오염수 방류 소식에 강한 반발을 제기했습니다.

이에 일본은 '다핵종제거설비ALPS'로 오염수의 방사성 물질을 제거한 뒤 방류를 진행한다고 입장을 밝혔습니다. 하지만 삼중수소는 처리되기 어려운 방사성동위원소이기 때문에 처리된 오염수에도 남아 있다는 점, 어느 정도의 안전 기준을 충족했다고 해도 오염수가 방류됐을 때 환경에 미칠 장기적인 영향은 예측하기 어렵다는 점 때문에 거듭 비판을 받고 있습니다.

체르노빌과 후쿠시마 원전 사고의 원인 중에는 기술적 결함, 운영자의 실수, 잘못된 운영, 관리·감독기관의 역할 미흡 등 인재적 요인이 두드러집니다. 원자력발전은 전기차의 상용화, AI 기술의 발전 등으로 점점 높아지는 에너지 수요를 충족시키는 데 중요한 역할을 하고 있지만, 그만큼 중대한 도전과제를 동반하지요. 방사성 폐기물 관리, 치명적인 사고 위험성, 높은 초기 비용 등 해결해야 할 문제가 여전히 존재합니다.

"원자력은 엄청난 잠재력을 가지고 있지만,
이를 다루는 기술이나 관리의 실수로 인해
큰 재앙을 초래할 수 있습니다."

5

납량특집
: 중국 경제편

위기에 빠진
중국 경제

　중국은 1978년부터 덩샤오핑鄧小平의 지도 아래 개혁개방改革
開放정책을 시행했습니다. 사회주의 체제를 유지하면서도 시장경
제 요소를 도입하여 중국 경제를 발전시키겠다는 계획이었지요.
국영기업을 개혁하고 민간기업의 성장을 촉진해 경제의 효율성
을 높이고, 외국의 직접투자를 유치해 외국의 신식 기술과 경영
체제를 적용했습니다. 그렇게 중국은 세계의 생산기지로 자리 잡
아 급격한 경제성장을 이루게 됩니다.

　그렇다고 해서 중국이 국가 주도의 경제발전 모델까지 포기한
것은 아니었습니다. 중국은 지방정부 소유 토지의 사용권을 판매
하여 재정을 거둬들인 뒤, 그 재정을 도시 개발과 인프라 건설에
사용했습니다. 철도, 공장, 주택 등 중국 지방정부의 건설 계획은

끊임없이 이어졌습니다. 부동산 개발은 건설 관련 일자리를 창출하고, 산업시설과 인프라의 발달은 중국의 산업을 고도화시켰습니다. 도시화로 인해 서비스업 또한 발달하게 되었습니다.

또한 성장하는 부동산 시장은 주택담보대출을 비롯한 다양한 금융 상품을 만들어냈고, 금융시장으로 막대한 자본을 유입시켜 투자 확대를 이끌게 되었습니다. 중국의 부동산 개발은 중국의 금융시스템 활성화에도 기여한 것이죠.

중국 정부의 부동산 개발 사업은 개혁개방 정책과 맞물려 강력한 시너지를 발휘해 비약적인 경제성장을 이끄는 주요 동력이 되었습니다. 하지만 시간이 갈수록 중국의 부동산 개발 정책은 한계를 보이기 시작했습니다. 지방정부 관료들은 경제성장과 개발 성과를 평가받아 승진의 기회를 얻을 수 있기 때문에 과도한 인프라와 주택을 건설하는 개발 정책을 경쟁적으로 추진했습니다. 심지어는 많은 부채를 감수하면서까지 부동산 개발에 몰두해 주택을 공급했지요. 부동산 개발업체들도 대규모 부채를 감수하면서까지 부동산 개발에 뛰어들었고요. 중국 부동산 시장은 이렇게 과열되기 시작했습니다.

코로나19 팬데믹pandemic으로 세계경제가 침체 위기에 놓이자 각국의 중앙은행은 돈을 풀어 유동성 늘리기에 힘썼습니다. 마찬가지로 중국의 인민은행도 경제를 살리기 위해 돈 풀기에 나섰습니다. 그리고 2020년, 중국의 코로나19 확산이 잠깐 진정되면서 경제 회복에 대한 기대가 높아지자 중국인들은 미래를 낙관하며 풀린 돈을 부동산에 투자하기 시작했지요. 투기 수요가 늘어나자 중국 일부 도시에서 집값이 폭발적으로 상승하기 시작했습니다.

그러자 중국 정부는 부동산 시장 과열에 위기의식을 느끼고 부동산 대출 규제를 강화하는 등의 고강도 규제책을 시행하게 되고, 대규모의 부채를 가지고 있던 부동산 개발업체들은 휘청이게 됩니다.

결국 2021년, 중국 부동산 시장이 위기에 빠졌다는 신호탄이 쏘아 올려지게 됩니다. 중국의 1위 건설사인 '헝다그룹'이 파산 위기에 빠진 것입니다. 부채규모가 컸고, 무리한 문어발식 확장으로 인해 재정적인 부담을 지고 있던 헝다그룹은 중국 정부의 고강도 규제에 직격탄을 맞자 버티지 못하고 파산 위기에 몰렸던 것이지요.

중국의 1위 건설사 헝다그룹이 파산 위기에 몰리자 중국인들은 충격을 받았고, 부동산 시장은 침체에 빠졌습니다. 가계 자산 중 부동산 비중이 매우 높은 중국인들은 부동산이 흔들리자, 소비를 대폭 줄였습니다. 여기에 더해 2022년 코로나19 바이러스의 재확산으로 중국 정부가 도시 봉쇄라는 강력한 방역정책을 실시함으로써 사람들은 더욱 지갑을 닫았고, 중국 경제는 침체에 빠지게 됩니다.

이렇게 침체된 경제는 코로나19 팬데믹을 벗어난 지금까지도 계속되고 있습니다. 중국 정부는 소비를 촉진하기 위해 여러 소비 견인책을 내놓고 있지만 아직까지도 효과는 미미합니다.

납량특집

때는 중국이 부동산과 회포를 풀고 집으로 돌아온 날…
아우 머리야…
역시 마오타이는 독하네
부동산은 개혁개방부터 중국의 성장을 이끈 견인차였어…
그래서 둘은 사이가 정말 각별했지…
끼릭
뿜뿜
감상다 따거! 마셔 임마!
부동산

아우 씻기도 귀찮다~ 내일 하지 뭐.
중국이 잠에 들려는 찰나…
별안간 현관문에서 쿵쿵쿵 하는 소리가 들리기 시작했어
쿵쿵쿵쿵

형! 저 부동산인데요! 형! 저 부동산인데요!
현관에서 들리는 목소리는 부동산의 목소리…
하지만 이상한 낌새에 중국은 현관 렌즈를 살폈어
형! 저 부동산인데요!
부동산이…? … 너 목소리가 왜 그래?

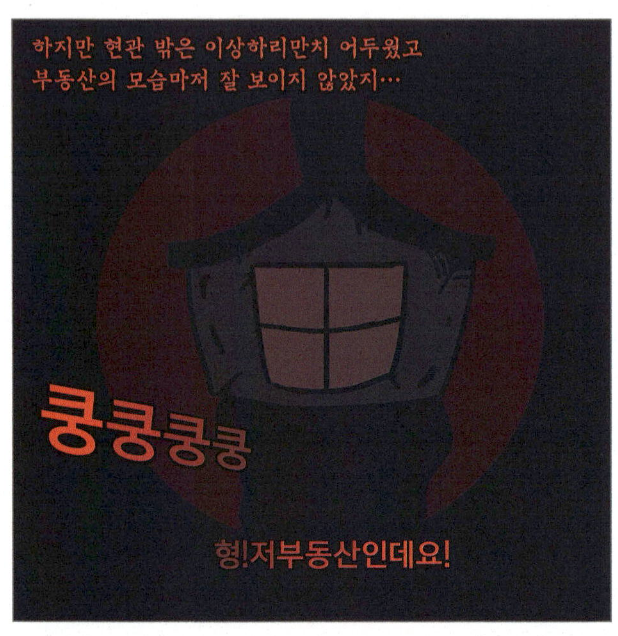

하지만 현관 밖은 이상하리만치 어두웠고
부동산의 모습마저 잘 보이지 않았지…
쿵쿵쿵쿵
형!저부동산인데요!

야! 너 왜 그래?!
어디서 넘어졌어?
중국은 여전히 낌새가 이상했지만 아끼는 동생이었기에
별 걱정 없이 문을 열어주었어… 그런데
철컥

문을 열고 본 부동산의 모습은 싸늘하게 식어 있었고
푸르고 기괴한 손에 꽂혀 대롱대롱 매달려 있었지…!

천장을 본 중국은 소스라치게 놀라고 말았어…
기괴한 것이 천장을 감싼 채 중국을 내려다보고 있었거든

이렇게 부동산 몰락이 중국에 디플레이션 귀신을 불러왔다는 거야…
흥! 그… 그게 뭐가 무서운 얘기야?
얘들아… 사실 진짜 무서운 얘기는 시작되지도 않았다는 사실을 알고 있니…?
뭐… 뭔데…?

중국이 침체로 생긴 내부 불만을 나 대만에 대한 군사행동으로 해소할 수도 있다는 사실…
… 나는 개입 안 해도 되지…?
까야아아아악!

내부 불만을 전쟁으로 돌리려던 어리석은 역사

군주민수君舟民水. '임금은 배이고 백성은 물이다'라는 말을 들어보셨나요? 물이 배를 띄울 수도 있지만, 화가 나면 배를 뒤집을 수도 있다는 뜻입니다. 민주주의 국가에서 정치 지도자들은 시민들이 바라는 대로 정치를 하기 위해 노력해야 한다는 뜻이 되겠지요. 우리의 역사에는 이런 민중혁명의 역사가 면면히 이어져 오고 있습니다. 조선말 홍경래의 난, 진주민란, 동학혁명, 일제강점기의 3.1 운동, 대한민국의 4.19 혁명, 부마항쟁, 5.18 광주민주화운동, 6월 항쟁까지…. 시민들이 잘못된 현실을 바로잡고자 떨쳐 일어났던 아프지만 자랑스러운 역사이기도 하지요.

그러나 국가 내부의 불만을 자체적으로 해결하지 않고 외부로 돌려 해결하려는 역사적으로 나쁜 사례도 많습니다.

임진왜란(1592~1598)도 그런 사례의 하나입니다. 16세기 일본, 전국시대를 통일한 도요토미 히데요시豊臣秀吉는 여전히 일부 지역에서 자신의 지배력을 행사하는 데 어려움을 겪고 있었습니다. 100여 년간 내전을 하며 군사적 활동으로 권력을 유지해 오던 다이묘(영주)들이 통일된 이후 불만을 가지기 시작했기 때문이죠. 그래서 외부와의 전쟁을 통해 일본 내부의 불만과 반란의 움직임을 잠재우고, 자신의 권력을 강화하려고 했습니다. 물론 이 시도는 실패로 끝났지요. 도요토미 히데요시의 계획을 실패로 돌린 건 당시 일본 민중과는 달랐던 조선 민중의 의병 활동이 큰 역할을 했습니다. 다이묘가 항복하면 전쟁의 승패가 결정되는 일본 내의 전쟁과는 달리, 조선에서는 임금은 도망가는데 전국 각지에서 의병들이 일어나 왜군의 보급로를 차단하고 맹렬하게 전투에 참여하는 전혀 다른 모습을 보여주었지요.

나폴레옹전쟁(1803~1815)도 마찬가지입니다. 프랑스혁명 이후 혼란에 빠진 프랑스 내부의 위기를 해결하기 위해 나폴레옹은 유럽 전역에서 전쟁을 일으켜 군사적 성공을 거두고 국민적 지지를 확보하려고 했습니다. 이런 시도는 일시적으로 성공하며 프랑스를 유럽의 중심 강국으로 만들기도 했지만, 결국 1815년 워털루 전투에서 패배하며 몰락했지요.

히틀러가 제2차 세계대전을 일으킨 것도 독일 내부의 정치적, 경제적 불만을 잠재우고 국민의 단결을 꾀하려는 것이었습니다. 1929년, 대공황은 독일 경제에 심각한 타격을 주었습니다. 대규모 실업이 발생하고 경제적 불안정이 심화되었지요. 빈곤층이 증가하면서 기존의 정치체제에 불만이 증가했고, 히틀러와 나치당은 경제 회복과 국가 재건을 약속하며 정권을 잡았습니다. 히틀러는 아우토반(고속도로) 같은 대규모 사회 기반시설을 건설하고, 군비 증강 산업을 통해 일자리를 창출하며 경제를 활성화했습니다. 동시에 외부의 적을 만들어 그들을 공격하는 것으로 나치당의 통치를 정당화하고 권력을 강화하려 했지요. 유대인을 독일의 경제적·사회적 문제의 원인으로 지목하고, 유대인에 대한 적대감과 공포를 조장했습니다. 끝내 유대인을 대량 학살하는 홀로코스트까지 저질렀지요. 또한 공산주의를 독일과 세계의 위협으로 간주하고, 소련과의 전쟁을 통해 공산주의 확산을 막고 동유럽에 대한 독일의 지배를 확립하려고 했습니다. 결국 1939년, 폴란드를 침공하면서 제2차 세계대전의 포문을 열었습니다.

또 다른 최근 사례로는 포클랜드 전쟁이 있습니다. 포클랜드 제도는 남아메리카 동쪽에 위치한 군도입니다. 아르헨티나는 스페인으로부터 독립한 1820년대부터 포클랜드 제도가 자국의 영토라고 주장하고 정착민을 보내기 시작했지만, 1833년 영국이 포클랜드 제도를 점령하면서 양국 간에 영유권 갈등이 시작됐습니다. 아르헨티나인에게 포클랜드는 민족적 정체성과 자부심과 깊이 연관돼 있습니다.

아르헨티나 정부는 종종 국내 정치적 위기를 해결하기 위해 포클랜드 문제를 부각시켰습니다. 특히 1980년대 초반의 아르헨티나는 상황이 좋지 않았습니다. 쿠데타로 집권한 군부는 억압 통치와 인권유린을 자행했습니다. 게다가 높은 실업률과 물가 폭등, 그리고 국가 채무 또한 급증하면서 아르헨티나 경제는 파탄에 이르렀습니다. 이러한 총체적 난국 속에서 아르헨티나 국민들의 불만은 극에 달했습니다. 군부는 정권을 유지하기 위해 국민들의 불만을 잠재우길 원했고, 결국 외부에 적을 만들어 내부를 단합시키려는 시도를 하게 됩니다.

그 결과 1982년, 아르헨티나군은 포클랜드 제도를 기습 침공합니다. 아르헨티나 침공군은 4,000여 명인데 반해 포클랜드 제도에 주둔한 영국군은 100여 명으로 열세였습니다. 수적 우위를 점한 아르헨티나는 포클랜드 제도를 손쉽게 점령합니다. 아르헨티나 군부는 포클랜드 제도의 탈환을 내세우며 애국심을 고취시

켰고, 그렇게 군부는 국민들의 지지를 얻는 듯했습니다. 하지만 예상과는 달리 영국은 본국과 멀리 떨어진 거리에도 불구하고 즉시 개전을 결정하고, 항공모함과 핵추진잠수함까지 투입하여 포클랜드 제도를 탈환합니다.

포클랜드 전쟁 패배로 정치적 압박과 국민들의 분노와 저항에 직면한 아르헨티나 군사정권도 종말을 맞았습니다. 그렇게 아르헨티나에서도 민주주의가 시작됐습니다.

6

북러 밀착, 잃을 것 없는 자들!

왜 러시아를?
러시아가 왜?

북한과 러시아가 최근 들어 사이가 부쩍 좋아진 느낌입니다. 2023년 9월 김정은 국무위원장이 러시아를 방문하고, 2024년 6월 푸틴 대통령이 북한을 답방하는 등 돈독한 관계를 과시하고 있지요. 사실, 과거 러시아와 북한의 관계는 좋지만은 않았습니다. 러시아는 동아시아에서 미국의 영향력을 견제하기 위해 북한을 옹호하면서도, 다른 한편으로는 북한의 핵 개발을 지역 내 위협으로 판단하고 있었기 때문입니다.

하지만 2022년, 러시아-우크라이나 전쟁으로 판도가 바뀌기 시작합니다. 러시아는 우크라이나와의 전쟁을 며칠 안에 끝낼 수 있을 것이라 예상했습니다. 하지만 우크라이나의 반격은 거셌고, 러시아군은 생각보다 힘을 발휘하지 못했습니다. 결국 러시아-

우크라이나 전쟁은 2년을 훌쩍 넘겨 교착상태에 빠지게 됩니다.

러시아가 교착상태인 전쟁에서 우위를 점하기 위해서는 우크라이나보다 우월한 포병전력의 운용이 중요합니다. 하지만 전쟁이 길어지고 지지부진한 참호전 양상을 띠자 포탄 소모가 심해졌고, 심각한 탄약 부족에 시달리게 됩니다.

하지만 지금 러시아가 서방세계의 적이 된 상황에서 탄약을 공급해줄 곳을 찾기란 마땅치 않습니다. 함부로 러시아에 탄약을 공급했다가는 그 나라도 서방세계의 적으로 낙인찍히겠지요. 중국은 이미 미국과 척을 진 러시아의 우방이기는 하지만, 유럽 국가들을 고객으로 두고 상품을 수출하기 때문에 러시아에 무기를 공급하기는 어렵습니다.

이렇게 사면초가에 빠진 러시아의 탄약 부족을 타개할 방법이 새롭게 부상했습니다. 바로 북한입니다. 북한은 한국과의 군사적 충돌 가능성에 대비해 장사정포 같은 포병 전력을 강화하는 등 오랫동안 대비해 오고 있습니다. 그래서 북한은 많은 탄약을 비축해두고 있고, 탄약을 생산할 수 있는 공업시설까지 갖추고 있습니다. 또, 서방세계의 제재 따위는 신경 쓰지 않습니다. 이미 핵 개발과 인권침해 등의 이유로 무거운 제재를 받고 있기 때문입니다.

결국 러시아는 부족한 탄약을 공급하기 위해 북한에까지 손을 뻗게 됩니다. 하지만 탄약을 가져오려면 그만한 대가를 지불해야겠지요. 러시아는 석유와 식량부터 무기 프로그램까지 북한에 제공하며 부족한 탄약을 공급받고 있습니다. 러시아는 원활한 무기 거래를 위해 김정은 국무위원장을 러시아에 초청하고, 푸틴 대통령이 직접 북한까지 방문하며 밀착에 힘을 쏟고 있습니다.

한국은 북한과 러시아 간의 무기 거래가 굉장히 불편합니다. 북한이 탄약을 공급한 대가로 미사일, 핵잠수함 기술과 같은 민감한 군사기술을 러시아로부터 제공받으면, 한국이 받을 군사적 위협이 더욱 커질 수밖에 없기 때문입니다.

한국은 러시아에게 "북한과의 무기 거래 수준이 높아진다면 우크라이나에게 무기를 공급할 수 있다"고 경고했습니다. 한국의 방어 시스템을 직접적으로 위협할 수 있는 민감한 군사기술은 북한에 제공하지 말라고 선을 그은 것이지요. 러시아는 이를 협박이자 위협이라며 불편한 기색을 내비쳤습니다.

동·서 냉전시대의 종식과 함께 1990년, 한국과 소련은 정식으로 외교관계를 수립했습니다. 이후 양국은 경제, 문화, 정치, 안보 등 다양한 분야에서, 특히 모든 산업 분야에서 다양한 협력관계를 구축해 왔습니다. 한국은 러시아 에너지의 주요 수입국이고, 러시아는 한국 상품의 주요 수입국이지요. 한국과 러시아가 서로의 이익을 위해 협력을 계속해 나가기 위해서는 어떻게 해야 할까요?

북러 밀착, 잃을 것 없는 자들!

치이이익~
나 왔소 동지!
이거이 오늘은 아주
우리 관계의 혁명적인
날이오!
北 김정은, 러시아 방문… 푸틴 만난다

어려울 때
와주는 게
진짜 동지지!
어서 와!
내가 풀코스로 모실게
전투기 보고~ 함대도 보고~
우주기지서 미사일…
아니 우주로켓도
보고~
오오오!
김정은, 러 미사일·전략폭격기 시찰… 핵잠수함 조선소도 방문할 듯

동작 그만!!
완전 무기기술 풀코스네!
살살 꼬셔서
부족한 포탄
받아낼 셈이지?!
지금도 벅찬데
기술 더 주면
난 어떡하라구!
홰액!

아이~ 그냥
레드팀 워크샵이야~
난 한반도 평화해치는
나라 아니라구
푸틴, "한반도 합의 위반 안 해"
너 지금 포탄이라면
영혼도 팔겠던데?
네가 한반도 평화를
잘도 생각하겠다!
美, "북-러 간 무기 공급 대화 진전된 듯"

맘대로 생각하고
우리 워크샵 망치지 마!
네 업보로 중동
불타는 거나
신경 쓰시지~
이 자식들이...

중국! 보고만 있을래?
저 둘 붙으면 너도 좋을 거
없잖아!
韓, 중국에 북핵 위협 대화 참여 촉구
어허!
군자는 남 집안일에
간섭 않는 법!
척
나한텐 겁나게
간섭하면서...
中, "김정은 러시아 방문은 북·러 간의 일"

사실 화가 나긴 하네…
북한 저 녀석이
중·러 사이에서 줄타기하는 게
하루이틀은 아니지만…
이번엔 좀 심해지는데?
북·러 초밀착에 복잡해진 중국의 셈법
하지만 나로선
지금 말썽꾼 북한과
밀착해봤자 좋을 게 없지!
어차피 경제는 나에게 의존하니
결국엔 내 밑으로 올 거야.

싸우고 대화하고,
또 싸우고 대화하고…

1945년, 일본의 패망 이후 한반도는 미국과 소련에 의해 북위 38도선을 기준으로 분단되었습니다. 1948년 8월15일 남에는 대한민국 정부가, 이어서 9월9일 북에는 조선민주주의인민공화국이 각각 수립되면서 분단이 고착되었지요. 이후 남과 북은 싸우고 협상하고, 또 싸우고 협상하는 힘들고 복잡한 과정을 계속해오고 있습니다.

1950년 6월25일 북한의 기습 남침으로 시작된 한국전쟁은 한반도 전체를 폐허로 만들고 수백만의 사상자를 낸 채, 1953년 7월27일 정전협정을 맺게 되었습니다. 전쟁을 끝내는 종전협정이 아니라 전쟁을 일시적으로 중지하자는 정전협정이기 때문에, 여전히 남과 북은 법적으로는 전쟁 상태에 있습니다.

　6.25전쟁 이후에도 남북한의 군사적 충돌과 긴장은 지속됩니다. 1968년에는 북한의 특수부대 요원들이 청와대를 습격해 박정희 대통령을 암살하려 했던 1·21 사태가 발생합니다. 같은 해 1월 23일에는 북한 해군이 동해상에서 소련과 북한의 통신을 도청하는 업무를 수행하던 미국의 푸에블로호를 나포하는 사건도 발생합니다. 승무원들은 미국이 공식사과문에 서명한 후 석방되었지만, 푸에블로호는 돌려받지 못한 채 현재 북한의 평양 보통강변에 전시되어 있습니다. 또, 10월에는 울진과 삼척에 북한 특수부대가 침투하는 사건도 발생하지요.

　하지만 1970년대부터 미국과 소련 간의 냉전이 완화되는 '데탕트'가 시작되면서 남북의 기류도 천천히 바뀌게 됩니다. 남북도 냉전 완화 기조에 호응하여 평화통일의 기본원칙을 합의한 '7.4 남북 공동성명'을 발표하게 됩니다. 그러나 이후 판문점 도끼 사건 등 여러 군사적 충돌이 발생했고, 대화는 지속되지 못했습니다.

　1979년 10월26일, 박정희 대통령이 김재규 중앙정보부장에게 살해됐고, 같은 해 12월 12일에 군사쿠데타를 일으킨 전두환 신군부는 1980년 5.18 광주민주화운동을 폭력적으로 진압하고 정권을 잡습니다. 1980년대 내내 군사정권의 독재 통치에 대한 반발이 계속됐고, 1987년 1월 서울대학교 학생 박종철 고문치사 사건, 4월 연세대학교 학생 이한열이 시위 도중 최루탄을 맞고 사망하는 사건은 국민들의 분노를 폭발시켜 대규모 민주화 운동인 6월 항쟁으로 이어졌습니다. 결국 전두환 정권은 노태우의 6.29 선언으로 국민들의 요구인 대통령 직선제를 수용할 수밖에 없었지요. 그렇게 민주화의 물꼬가 터지면서 그동안 시민들 사이에 금기시되었던 남북통일에 대한 논의도 활발해졌습니다. 직선제로 수립된 노태우 정부는 남북관계 개선에 적극적으로 나서 남북 사이의 불가침과 화해, 교류를 약속하는 '남북기본합의서'를 1991년 공동 체결합니다.

김영삼 정부도 초기에는 남북대화를 추진했습니다. 하지만 북한이 1993년 핵확산금지조약NPT을 탈퇴하고 핵 개발을 추진하면서 한국 정부는 북한에 대한 제재와 압박을 다시 강화했습니다.

김대중 정부는 '햇볕정책'으로 유명합니다. 나그네의 겉옷을 벗기는 것은 거센 바람이 아니라 따뜻한 햇볕이라는 이솝우화에서 유래된 명칭이지요. 김대중 정부는 남북 간의 화해와 협력을 중시했고, 2000년 6월15일에는 김대중 대통령과 김정일 국방위원장이 평양에서 역사적인 첫 남북 정상회담을 가졌습니다. 이 회담에서 '6.15 남북 공동선언'이 발표되었고, 이후로 남북의 경제협력과 다양한 교류가 크게 확대되었지요.

노무현 정부도 햇볕정책을 계승해 남북 교류를 추진하였고, 2007년 10월4일 노무현 대통령과 김정일 국방위원장이 평양에서 2차 남북 정상회담을 하고, '10.4 남북 공동선언'을 발표했습니다. 개성공단과 금강산 관광 등 남북 경제협력이 이뤄지는 한편, 이면에서는 북한의 지속되는 핵 실험과 미사일 발사, 연평해전 발발로 긴장이 고조되기도 했습니다. 이명박 정부에 들어서는 금강산 관광객 피살사건, 천안함 피격사건, 연평도 포격전 등이 발생해 남북관계가 다시 크게 악화되었습니다.

이후 문재인 정부는 '한반도 평화 프로세스'를 통해 남북 간의 대화를 다시 적극적으로 추진하고자 했습니다. 판문점과 평양에서 세 차례 정상회담을 했고, '4.27 판문점 선언'과 '9.19 평양 공동선언'을 발표했습니다. 이를 통해 한반도 평화를 위한 다양한 합의가 도출됐습니다.

그러나 2018년 싱가포르, 2019년 하노이에서 개최된 트럼프 대통령과 김정은 국무위원장의 북미 정상회담이 별다른 성과를 거두지 못하고 결렬된 이후 남북관계도 또다시 급격히 경색되었습니다.

7

러시아,
한국인을
간첩 혐의로
체포

심화하는
한국·러시아 갈등

2024년 3월, 러시아 블라디보스토크에 체류 중인 한국인 선교사 백모 씨를 러시아가 간첩 혐의로 구금했다는 소식이 알려졌습니다. 이번 사건은 한국인이 러시아에서 간첩 혐의로 공개 체포된 첫 사례입니다.

러시아 측의 보도에 따르면 백 선교사는 블라디보스토크에서 선교활동을 하며 탈북자와 북한에서 파견된 노동자들을 돕는 동시에, 러시아의 기밀을 수집해 외국 정보기관에 제공한 혐의를 받고 있습니다. 현재 백 선교사는 정치범들이 주로 수감되는 모스크바의 구치소에 구금되었으며, 10년에서 20년까지의 징역형을 선고받을 수도 있다고 합니다.

이번 사건으로 러시아-우크라이나 전쟁 이후 긴장이 고조되고 있던 한국과 러시아의 관계가 더 악화할지도 모릅니다. 전쟁 이후 한국은 러시아에 제재를 가하는 서방국가들과 함께하고 있어 러시아는 한국을 '비우호국'으로 지정한 상태입니다. 그리고 심각한 탄약 부족을 겪는 러시아가 북한에게 포탄을 공급받으며 러시아-북한 간의 군사협력이 활성화되었는데요. 한국은 북한과 러시아의 밀착에 큰 위협을 느껴 거듭 불만을 표출하고 있습니다.

러시아가 한국인의 간첩 혐의 체포를 공개한 것은 한국과 러시아 간의 냉랭해진 관계를 보여주는 한 단면이라고 할 수 있습니다. 백 선교사의 과거 활동으로 볼 때 이번 사건은 탈북자 문제와 관련돼 있을 확률이 높아 보입니다. 러시아는 그간 탈북자 문제가 생기면 유엔난민기구 모스크바 지부를 통해 탈북자가 난민 지위를 인정받을 수 있도록 협조하는 등 인도주의적 방식을 모색해 왔습니다. 하지만 러시아-우크라이나 전쟁 이후 한·러 관계가 급속히 냉각되면서 탈북자에 대한 러시아의 방침도 바뀐 것으로 보입니다.

러시아가 백 선교사의 체포 사실을 공개함으로써, 외교적인 마찰을 빚고 있는 한국에게 경고성 메시지를 보내고, 탄약을 공급해 주는 북한에게 우호적 메시지를 표하는 것이라는 평가가 지배적입니다.

그동안 한국과 러시아는 경제협력을 강화하기 위해 교류를 지속해 왔습니다. 한국은 자동차, 텔레비전, 냉장고 등 첨단 제품과 소비재를 수출하고, 러시아의 풍부한 천연자원을 수입하는 상호 보완적인 무역을 계속해 왔지요.

하지만 러시아-우크라이나 전쟁을 계기로 상황이 크게 바뀌고 있습니다. 최근 러시아와 북한이 '포괄적 전략 동반자 협정'을 체결해 상호 군사 지원의 가능성을 열었고, 한국이 이들의 협력에 반발해 우크라이나에 대한 군사 지원 가능성을 발표하면서 한국과 러시아의 긴장은 더욱 팽팽해지고 있습니다.

한국은 북한의 군사적 위협을 줄이고 관계 개선을 하기 위해서는 러시아의 협조가 필수적입니다. 러시아는 중국과 더불어 북한에 가장 큰 영향력을 행사할 수 있는 국가이기 때문입니다. 러시아도 한국과의 외교관계를 단절하기에는 협력을 통해 얻을 수 있는 경제적 가치가 아쉽습니다. 때문에 한·러 양국은 서로에게 경고성 메시지를 주고받으면서도 외교관계를 단절하거나 민감한 부분을 건드리지는 않으려고 노력하는 것처럼 보입니다.

러시아, 한국인을
간첩 혐의로
체포

러시아
빠지직
쟤네 또
왜 그래?

그나마 자유진영이랑 구 공산권 간에 쟤네 둘은 사이 괜찮았는데 요즘 불꽃 엄청 튀네…
러시아가 탈북민 돕는 한국인 선교사를 간첩 혐의로 체포하고 구금했다나 봐.
러시아, 올해 초 한국인 간첩 혐의로 체포

…
정말 그 선교사가 러시아에서 정보활동을 하고 있는 중이었대?
글쎄… 그가 한국 정보국과 관련 있는 진 나도 잘 모르겠고, 만약 관련 없더라도 간첩으로 엮으려면 엮는 게 러시아라구…
체포된 선교사 재단, "간첩 혐의는 오해"

그런데 그렇다 쳐도 이렇게 간첩 혐의와 구금을 공개까지 하는 건 상당히 이례적이지?
마, 장난 적당히 치그라.
국정원
러 해외정보국
ㅋㅋ 너도.
보통 탈북자 문제로 트러블이 있거나 심지어 상대의 정보활동에서 사고가 있다 한들, 관련자는 조용히 추방하는 게 관례란 말야?

뭘 모르는 척이야 인마! 인질 잡고 외교하는 건 너네 레드팀 특성이면서!
션머? 무슨 소리?
너도 인마 중국 내 탈북자 북송 갖고 그러잖아! 북한이야 뭐 납치가 업이고 말이지!
션머? 웨이션머? 무슨 말인지 모르겠는 걸?

내가 백 번 양보해서 그렇다고 치자면, 지금 러시아도 선교사를 지렛대로 삼아 한국을 길들이려는 것이겠군…
흥! 그래도 초코파이 먹은 정이 있으니 너희 영사가 선교사 접견하도록 추진해볼게! 일이 이렇게 됐긴 한데 서로 존중 좀 해보자구!
러, 선교사에 영사 접견 검토… "상호존중 중요"
어디서 생색이야…

그래도 저걸 보면 러시아도 딱히 한국과의 관계 완전 파탄을 원하고 있진 않은 것 같지?
일단 후려치고 잘 풀어보자는 거긴 한데…
러시아도 한국에서 경제적으로 얻을 게 남아 있고, 그 이유가 아니라면 북한산 탄약이 너무 급하니 북한 눈치를 어느 정도 봐주는 것일 수도…
러 한국인 구금, 러시아의 '북한 눈치'?

한국도 이번 일로
한러관계를 파탄내긴 어려워…
한-러가 멀어지고 북-러가
밀착하게 되면, 북한의 군사력은
떡상 예정에다 북한 고립도
실패하니까 말이야!
아이~ 참.
한국 쥐고 흔들기를
시도하는 건
내 전문인 줄 알았는데
선수 뺏긴 기분이네~
아휴…
이것들은 아주…

한국과 러시아

　한국과 러시아의 수교 역사는 길지 않습니다. 16세기부터 점점 동쪽으로 세력을 확장하던 제정러시아는 17세기 중반 아무르강 유역에서 청나라와 충돌했습니다. 러시아의 남하를 막기 위해 청나라는 조선에 군사 지원을 요청했고, 조선의 효종은 별무반別武班이라는 특수부대를 파견합니다. 1654년, 조선군은 청나라 군대와 함께 전투에 참여했고, 러시아군을 물리치는 데 큰 역할을 했습니다. 1차 나선정벌羅禪征伐이었지요. 1658년의 2차 나선정벌에서도 조선군은 러시아군을 물리치는 데 또 한 번 큰 역할을 했습니다. 그러나 러시아는 결국 1860년 북경조약을 통해 청나라로부터 아무르강 하류와 연해주 지역을 확보하고, 블라디보스토크라는 얼지 않는 전략적 항구도시를 건설합니다. 시베리아를 횡단해 동아시아 끝까지 러시아의 영토를 확장한 것이지요.

이후 제정러시아는 조선에 대한 영향력을 확대하려고 했고, 1884년 조선과 러시아는 외교대표를 파견하고 무역을 증진하는 '조로수호통상조약朝露修好通商條約'을 체결합니다. 이 조약에 따라 러시아 공사관이 조선의 수도 한양에 개설되었고, 1896년 고종이 일본의 위협을 피해 러시아 공사관으로 피신하는 아관파천俄館播遷이 일어났습니다. 고종은 러시아 공사관에서 약 1년 동안 머물렀고, 그로 인해 조선에서 러시아의 영향력은 크게 강화되었지요. 그러나 러일전쟁(1904~05)에서 일본에 패하면서 한반도에서 러시아의 영향력은 크게 줄었습니다.

제1차 세계대전 중인 1917년 2월과 10월에 일어난 두 번의 혁명과, 볼셰비키(소련공산당의 전신)와 반볼셰비키의 내전에서 유럽 열강의 지원을 받은 반볼셰비키에 맞서 볼셰비키가 승리하였고, 제정러시아는 몰락합니다. 승리한 볼셰비키는 러시아를 포함한 여러 공화국을 통합하여 공산주의 이념의 소비에트연방을 건립했지요.

제2차 세계대전 이후 패망한 일본으로부터 독립한 한반도는 소련의 지원을 받는 북한과 미국의 지원을 받는 남한으로 분단되고, 서로 전쟁까지 하게 됩니다. 6.25전쟁이 끝난 후에도 소련은 북한만을 한반도의 유일한 정부로 인정했고, 이후 동서 냉전 기간 내내 한국은 소련과 공식적인 외교관계를 맺지 않았습니다.

하지만 1980년대 후반 개혁(페레스트로이카)과 개방(글라스노스트) 정책이 진행되면서 한국과의 관계 개선을 모색하던 소련과, 국제정세의 커다란 변화 속에서 공산권 국가들과 협력을 확대하기 위해 북방정책을 추진하던 한국은 1990년, 공식적으로 외교관계를 수립합니다. 이후 1991년 소련이 해체되고 15개의 독립국가가 출현했지만, 그중에서 러시아가 국제사회에서 소련의 역할을 계속해 나갔습니다.

노태우 정부의 북방정책은 공산권 국가들과 외교관계를 맺음으로써 한국의 외교적 역량도 강화하고, 이를 통해 북한을 국제사회로 이끌어 남북관계 또한 개선하고자 했습니다. 미국, 일본, 소련, 중국 등 다자외교를 통해 한반도의 안정을 꾀하려는 목적도 있었고요.

경제적인 이유도 북방정책 추진의 중요한 원동력이었습니다. 1980년대 후반, 경제성장을 계속해 나가고 있던 한국은 주요 수출 시장인 미국과 일본 외에도 새로운 시장 개척이 필요했습니다. 이런 한국에게 막대한 자원과 인구를 보유하고 있는 소련과 동유럽은 놓칠 수 없는 시장이었지요. 이렇게 잠재력이 큰 새로운 시장으로의 진출은 한국 기업들의 수출을 증대시켜 한국 경제의 성장을 뒷받침했습니다.

또한 한국은 중동 지역에 대한 에너지 의존도를 줄이고, 안정적으로 수입할 수 있는 새로운 에너지 공급원이 필요했습니다. 세계 최대의 에너지 자원 보유국 중 하나인 소련은 안성맞춤 파트너였지요. 수교 이후 한국은 러시아로부터 천연가스와 석유를 수입하여 에너지 수요를 충족시키고, 에너지 안보를 단단히 했습니다. 많은 한국 기업이 러시아에 진출해서 자동차, 전자제품, 가공식품 등 다양한 제품을 판매하고, 항만, 도로, 철도 등 인프라 건설에 참여하여 러시아의 경제발전에 기여해왔습니다.

최근 한국의 외교정책 변화와, 러시아-우크라이나 전쟁으로 북한이 러시아와의 관계를 강화하기 시작하면서 한국과 러시아의 관계는 다시 긴장 모드에 돌입한 듯 보입니다. 위기를 적절히 관리해 가면서 북방정책 이후 양국이 함께 만들어온 교류의 역사를 더욱 풍성하게 가꿔나가야 하는 새로운 과제가 생긴 거지요.

"한국과 러시아 간의 교류와 협력은 양국의
경제적 상호 이익을 증진하고, 지역의 안정과 평화를
유지하는 데 필수적인 요소입니다."

8

저물어가는 슈퍼 엔저

일본 경제의
부활 도전?

　제2차 세계대전의 패망을 극복하고 고도성장을 달성한 일본은 1980년대, 미국을 넘보는 세계 두 번째 경제 대국으로까지 올라섭니다. 거침없이 질주하던 경제와 함께 주식, 부동산 등과 같은 일본의 자산 가격도 급격히 오르기 시작하지요. 부동산 투자 열풍이 일어나 주요 도시의 부동산 가격이 급격하게 올랐고, 도쿄의 땅값은 평방미터당 무려 10억 원에 달했습니다. 주식시장도 투자자들이 몰려 실물경제와 무관하게 급등했고, 일본의 주가 총액이 GDP^{국내총생산}의 약 150%까지 치솟았습니다.

　이렇게 자산 가격이 실제 가치보다 과대평가된 현상을 '거품경제'라고 합니다. 거품이 유지되는 동안에는 높은 경제성장률을 기록하며 소비와 투자도 증가하지만, 이런 현상이 결코 계속될 수는 없습니다. 자산 가격이 더 이상 오르지 못하고 하락하기 시작하면, 결국 거품이 붕괴됩니다. 그러면 자산 가격이 급락하고, 막대한 투자 손실이 일어나며, 금융기관이 부실화되는 등 큰 타격을 입게 되지요.

일본은 1980년대 말에 거품경제가 붕괴하면서 침체에 빠지게 됩니다. 이 기나긴 침체는 2020년대 초까지 이어져 '잃어버린 30년'이라고 불리게 됩니다.

일본은 2012년 일본 경제의 장기 침체를 극복하기 위한 경제정책을 추진합니다. 이 정책은 대규모 양적완화로 대표되는데요. 양적완화란 국가 중앙은행이 찍어낸 돈으로 국채나 민간 채권을 매입해 시중에 돈을 푸는 통화정책을 뜻합니다. 일본은 시중에 엔화를 대량으로 풀어 유동성을 높이고, 물가 상승을 유도하려고 했습니다. 물가가 지속적으로 하락하는 디플레이션이 계속되면 소비와 투자 모두 살아나기 어렵기 때문이지요. 엔화의 가치가 낮아지는 '엔저'를 통해 수출경쟁력의 상승도 도모하려고 했고요. 이런 금융정책과 적극적인 재정정책 등을 당시 총리 아베 신조安倍晋三의 이름과 경제학(Economics)이라는 단어를 합쳐 '아베노믹스'라고 불리게 되었습니다.

일본 중앙은행은 초저금리와 양적완화를 통해 엔화를 적극적으로 풀어 시장에 유동성을 공급했지만, 그토록 원하던 물가 상승은 잘 이루어지지 않았습니다. 디플레이션이 계속되면 소비자들은 물가가 계속 하락할 것이라 기대하며 지출을 미루고, 기업은 판매 가격 하락으로 수익성이 줄어드니 투자를 꺼리게 됩니다. 때문에 적절한 물가 상승을 유도해야 소비와 투자가 활성화되어 경제가 활기를 되찾는데요. 일본 중앙은행이 아무리 엔화를 풀어도 소비자들이 도통 지갑을 열지 않았던 것입니다.

2020년대 초, 코로나19 팬데믹으로 인한 침체를 극복하기 위해 미국은 엄청난 달러를 풀었습니다. 하지만 이는 물가의 폭등을 불러오게 됐지요. 미국 중앙은행은 물가 상승을 억제하기 위해 큰 폭의 금리 인상을 단행합니다. 반면 일본은 디플레이션 해소를 위해 마이너스 수준의 초저금리를 유지하고 있었습니다. 미국과 일본의 금리차가 커지면 사람들은 엔화를 팔고 달러를 삽니다. 금리가 높은 미국에 자본을 이동시키는 것이 더 유리하기 때문입니다. 그렇게 엔화의 가치가 더 낮아지는 '슈퍼 엔저' 현상이 일어났습니다.

슈퍼 엔저로 일본의 물가에도 드디어 변화가 찾아옵니다. 낮아진 엔화 가치로 원유, 원자재, 수입 제품 등의 가격이 상승하면서 물가가 조금씩 오르기 시작했지요. 엔화의 약세로 일본 제품도 저렴해져 일본 기업들은 수출경쟁력이 올라 많은 수익을 올리게 됩니다. 기업들의 성과는 고용 증가와 임금 상승으로 이어져 소비 증가에도 기여한 듯 보였습니다. 그러나 임금은 올랐지만 엔화 약세로 인해 실질 임금은 오르지 않아 중산층 이하 서민들의 경제적 어려움은 계속되었습니다.

근 30년 동안 물가 상승을 체감하지 못했던 일본인들은 갑작스런 물가 상승에 혼란을 겪었습니다. 물가가 예상보다 높게 오르면 소비를 다시 위축시킬 수 있고, 위축된 소비는 간신히 침체에서 벗어나려는 일본을 다시 침체의 늪에 빠뜨릴 수 있습니다.

2024년 들어 일본의 중앙은행은 드디어 금리 인상을 단행해 마이너스금리를 종료하고 양적완화 규모를 축소했습니다. 급격한 물가 상승을 방지하고 속도 조절을 하겠다는 의미에서입니다. 이렇게 대규모 양적완화 정책이 핵심이었던 일본의 아베노믹스는 10여 년 만에 역사 속으로 사라지게 되었습니다.

저물어가는 슈퍼 엔저

일본 관광을 환영합니다!
엔화 대환인!
BANK OF JAPAN

이랏샤이마세~ 관광객 여러분들의 일본 상륙을 환영합니다! 맘껏 즐기세요!
入国場
앗! 한국상이다! 또 놀러와준거냐구~ 우레시이~

따…딱히
네가 좋은 건 아닌데…!
요새 엔화가
너무 싸서 안 올 수
있나…
헤에~
야, 관광청!
슈퍼 엔저 때문에
관광객 엄청 몰려온다!
쟤들이 뿌리고 가는 돈도
엄청날 것 같은데
觀光庁
어디보자…
올해 외국인 관광객은
3500만명으로 예상…
소비액은 8조엔 예상으로
둘 다 사상 최대입니다.
觀光
우왓!
엔저라 수출도 잘 돼~
관광수입도 짭짤해~
이거 완전 꿩 먹고
알 먹고네!

자~ 지금 기세로 딱 두 배만 더 하자!
2030년까지 연간 6천만 관광객을 유치하는 거야!
...
아…
일 많아지겠네…
이러다 후지산 닳아 없어지겠어…
저… 지금 우리 지자체는 넘쳐나는 관광객들 때문에 몸살을 앓고 있어서…
관광객에게 돈 더 받자고 시민들이 난리라구요!
오사카

분위기 좋은데 초 칠래?
어차피 돈 돌고 도는데 외국인들이 뿌리는 돈 결국 시민들 주머니로 가는 거야~
팍 그냥
지금 관광객만이 문제가 아니에요!
지금 슈퍼 엔저 때문에 미칠 듯이 오른 물가는 어쩔 건데?
BANK OF JAPAN
일본은행

지금 일본 시민들은 식비도 빠듯한데, 외국인들은 놀러 와서 돈 펑펑 쓰고 있으니 박탈감이 안 느껴지겠어요?
일본 햄 싸다 싸~
고물가
하긴… 지금 엔화가 싸니까 물가가 너무 오른 탓에 내 지지율도 박살이 났지… 문제가 있긴 있어…
그런데, 금리 올려서 엔화가 너무 비싸지면 또 침체에 빠질 수 있잖아… 이제야 겨우 긴 침체에서 벗어나나 싶은데…
BANK OF JAPAN
걱정 마십쇼! 나 보수적인 거 몰라요? 금리 올려봤자 찔끔 올려~ 유동성 공급도 계속할 거라 엔화가 폭등하진 않을 걸?
BANK OF JAPAN

이의 없으면
금리 올립니다?
아우 드디어
장 좀 보겠네.
그…
그래잉…
아베노믹스: 엔화를 마구 풀어 침체를
벗어나고자 했던 경제정책
쩝…
그동안 밀어붙이던
아베노믹스*도
이렇게 막을 내리나…
시원섭섭하구만…
BANK OF JAPAN

한국의 IMF 사태와
일본의 잃어버린 30년

1990년대 중반까지 한국 경제는 제조업 중심의 경제정책이 큰 성공을 거두며 급속도로 성장했습니다. 하지만 급격한 성장의 부작용은 컸습니다. 재벌기업들이 빠르게 규모를 키우기 위해 많은 대출을 받아 무리한 확장 경영을 하면서 부채 비율이 많이 늘어났습니다. 은행도 철저한 평가 없이 기업에 과도한 대출을 제공했습니다. 당시 미비했던 금융 감독과 규제시스템 때문이었지요.

그런 한국 경제에 동남아시아발 경제 위기 먹구름이 드리우기 시작합니다. 태국에서 발생한 바트฿화의 폭락과 금융시스템 마비는 인도네시아, 말레이시아 등에도 영향을 미치게 되었습니다. 한국도 그 여파를 피할 수 없었지요.

동남아시아발 외환 위기로 한국 시장에 대한 의구심도 높아지면서 외국 투자자들은 한국에 있는 자금을 급하게 회수하기 시작했습니다. 이러한 상황에서 한국 정부는 폭락하는 원화 가치를 방어하기 위해 외환보유고를 사용하기 시작했는데요. 문제는 한국의 외환보유고가 충분하지 않았던 데다가, 초기 무리한 외환 방어로 이마저도 상당량 허비했다는 점입니다. 여기에 외국 금융세력의 공격까지 더해져 상황은 더 심각해집니다.

한국은 해외 자본시장에서의 자금조달 의존도가 높고 단기외채(1년 이내에 갚아야 하는 외국으로부터 빌린 돈)의 비중이 높았습니다. 그런 상황에서 외환위기가 한국에 닥쳐왔고, 해외 자본들이 만기를 연장하지 않고 자금을 회수하려고 하면서 결국 외환 지급불능 위기, 즉 국가부도의 위기에 직면하게 되었습니다.

한국 정부는 버티지 못하고 1997년 11월 국제통화기금IMF에 구제금융을 요청합니다. 이것이 바로 'IMF 사태'입니다. IMF는 550억 달러의 대규모 구제금융을 제공하며 금융기관의 합병 및 폐쇄를 포함한 금융개혁, 기업의 구조조정, 노동시장 유연화 등을 요구했습니다.

IMF 사태로 한국의 경제성장률은 단숨에 역성장을 기록했고, 많은 기업과 금융사가 줄줄이 파산했습니다. 실업률도 크게 증가하여 서민들도 큰 타격을 입었습니다.

이후 힘든 구조조정 과정을 거친 한국 경제는 빠른 속도로 회복하여 2001년에 IMF의 구제금융 자금을 모두 상환하게 됩니다. IMF 사태를 겪으며 금융시스템이 안정되고, 기업들의 투명성과 재무 건전성이 높아지면서 한국의 국제 경쟁력 또한 강화되었습니다. 그러나 비정규직 노동자가 증가하고 소득 불평등이 심화되는 등 사회적 문제는 커졌습니다.

1980년대 중반의 일본 경제는 대호황을 누리고 있었습니다. 제조업의 질주로 일본 경제는 날로 성장해 세계 2위 규모에 등극했고, 낙관적인 사회 분위기가 형성되었지요. 여기에 더해 일본의 중앙은행은 저금리 정책을 유도해 소비 촉진을 유도했고 수출 기업들의 가격경쟁력 상승도 도모했습니다.

1980년대 초반, 일본과 독일에 대한 미국의 무역적자는 심각한 정도였고, 이는 미국 제조업의 경쟁력 약화로 이어졌습니다. 결국 미국은 심각한 무역적자를 해소하기 위해 일본, 독일 등에

압박을 가합니다. 미국이 제공하고 있는 방위력을 축소할 수 있다고까지 압박했지요. 결국 1985년, 뉴욕의 플라자 호텔에서 미국, 일본, 서독(현 독일), 프랑스, 영국 5개국이 모여 달러 가치를 절하하고, 일본 엔화와 독일 마르크화의 가치를 상승시키는 내용을 골자로 하는 협정을 체결합니다. 이를 '플라자 합의Plaza Accord'라고 합니다.

이 결과 엔화의 가치는 상승했고, 일본의 수출 경쟁력은 약화됩니다. 엔화 가치의 상승은 일본 내 주식과 부동산 같은 자산 가격의 상승을 초래했습니다. 폭등하는 자산 가격에 기대감이 증폭되면서 개인과 기업은 너도나도 주식과 부동산 투자를 감행했습니다. 저금리와 용이한 은행 대출도 한몫했지요. 이렇게 1980년대 말, 일본의 거품경제가 만들어졌습니다.

1990년에 이르러 일본의 주식과 부동산 가격은 정점을 찍습니다. 도쿄 증권거래소의 주가지수는 기록적인 수준에 도달하고, 도쿄와 같은 대도시의 부동산 가격도 천정부지로 치솟아 "도쿄를 팔면 미국 전체를 살 수 있다"라는 말까지 나올 지경이었지요.

비정상적으로 폭등한 자산 가격에 일본 정부도 거품에 대한 위험성을 인식하기 시작했습니다. 때문에 일본의 중앙은행은 거품을 걷어내기 위해 금리를 급격히 인상하기 시작했는데요. 아이러니하게도 급격한 금리 인상은 거품경제 붕괴의 시발점이 되었고, 일본의 '잃어버린 30년'이 시작됐습니다. 일본 경제 전반이 막대한 타격을 입었고, 소비와 투자가 위축되었습니다. 이후 일본의 경제성장률은 고전을 면치 못했고, 결국 장기 침체에 빠지게 되었지요.

일본이 주로 금융 정책에 집중했던 반면, 독일은 마르크화 가치가 올랐음에도 내수시장을 강화하고, 고부가가치 산업과 기술 혁신에 힘써 충격을 완화했습니다. 이 덕분에 독일은 안정적인 경제성장을 이어갈 수 있었죠. 바로 이런 정책의 차이가 일본과 독일의 다른 결과를 만들었습니다.

9

일본,
전쟁 가능
국가로?

오커스를
기웃거리는 일본

중국의 군사력이 날이 갈수록 커지고 있습니다. 특히 중국은 항공모함, 잠수함 등을 건조하며 해군력을 급격히 팽창시키고 있는데, 이는 미국의 해군력 우위를 희석시키고 미국의 서태평양 전개에 대응하려는 목적입니다. 이미 중국의 해군력은 미국을 양적으로 넘어섰고, 질적 차이도 좁혀가고 있습니다. 중국은 동아시아 인근으로 미국이 접근하는 것을 차단하고, 미국이 없는 동아시아에서 중국의 해양 영향력을 확대하려고 합니다.

만약 중국의 희망대로 이 지역에 미국의 군사력 공백이 생긴다면 동아시아에서의 힘의 균형이 중국으로 넘어가게 되지만, 미국은 한국, 일본, 대만이 있는 동아시아를 결코 포기할 수 없습니다. 삼국은 미국의 동맹들로 경제 선진국이고, 세계 반도체 공급

체인의 주요 국가들이기 때문입니다. 당연히 미국이 구상하고 있는 반도체 공급망 구축에 빠질 수 없는 핵심 국가들입니다.

베트남, 필리핀 등 동남아시아 국가들은 이미 중국과 남중국해 분쟁으로 갈등을 빚고 있습니다. 중국은 남중국해의 섬들에 군사기지를 건설하며 군사력을 팽창시키고 있는데요. 동남아시아에는 희토류, 니켈 등의 핵심 광물이 매장되어 있고, 전세계 해상물동량의 20% 이상이 드나드는 믈라카해협이 자리 잡고 있습니다. 미국이 세계 패권을 유지하는 데 있어 중요한 곳이지요.

하지만 이제 미국 혼자만의 힘으로 서태평양에서 예전 같은 군사적 영향력을 유지하는 것이 어려워졌습니다. 군사력이 급격히 성장하고 있는 중국을 상대하려면 도움이 필요해졌죠. 그래서 인도·태평양에서의 새로운 군사동맹인 '오커스AUKUS'를 창설하게 됩니다. 이 군사동맹에는 미국·영국·호주가 참여하는데, 미국과 영국이 호주의 핵추진잠수함 도입을 지원하는 것을 골자로 합니다.

핵추진잠수함은 디젤잠수함과 달리 장시간 잠항이 가능하고 은밀성과 공격력이 뛰어납니다. 때문에 핵추진잠수함을 갖춰 태평양에서의 해양 통제 능력이 강화된 호주가 중국을 견제할 수 있도록 하는 것이 오커스 창설의 주된 목적입니다.

하지만 앞으로의 전쟁은 핵잠수함만으로 해결되지 않으며, AI와 전자전, 양자 기술이 적극적으로 적용되는 새로운 형태로 발전할 것입니다. 따라서 오커스는 AI와 양자기술 같은 첨단기술 측면에서 협력할 수 있는 새로운 파트너를 찾아 나서게 됩니다.

오커스가 점찍은 나라는 바로 일본입니다. 일본은 강한 해군력을 보유하고 있는 데다 지리적으로 가까워 중국을 견제하기가 용이하고, 첨단기술 분야에서 협력할 수 있기 때문입니다. 오커스는 일본을 협력국으로 합류시키는 것을 고려하게 되었고, 일본도 가입을 공식화하려 노력 중입니다.

그런데 왜 일본은 중국과의 갈등을 감수하면서까지 오커스에 가입하고 싶어 하는 걸까요?

제2차 세계대전 패전 후 일본은 군대를 보유하지 않는 '평화헌법' 체제 하에서 군사적 활동을 엄격하게 제한받아 왔습니다. 하지만 일본의 우익 정치세력은 끊임없이 평화헌법 개정을 시도하며 전쟁을 할 수 있는 군대를 보유하기 위한 노력을 계속하고 있습니다. 최근에는 집단적 자위권의 해석을 변경하여 자국 방어를 넘어 일본 자위대_{自衛隊·Japan Self-Defense Forces}의 적극적인 해외 군사 활동도 가능케 했습니다.

이러한 일본에게 오커스 가입은 중요한 기회입니다. 미국·영국·호주와의 협력을 통해 최신 군사기술과 노하우를 공유받을 수 있고, 특히 오커스의 주요 목적인 핵추진잠수함 기술까지 공유받는다면 금상첨화겠지요. 또한 양자 컴퓨팅, 사이버 보안 등의 협력은 일본의 첨단산업 경쟁력을 높이는 데 도움이 됩니다. 인도·태평양 다자간 안보 협력 체계에서 중요한 역할을 맡게 됨으로써 높아질 국제적 위상도 일본이 재무장을 하는 데 중요한 명분이 될 수 있습니다.

미국은 일본의 재무장에 호의적인 입장을 취하고 있습니다. 중국을 견제하기에 좋기 때문이지요. 다만 일본이 재무장을 쉽사리 하지 못하는 것은 이웃 나라의 반발 때문입니다. 과거 제국주의 일본으로부터 큰 피해를 겪은 이웃인 한국과 중국에게 '전쟁할 수 있는 국가' 일본은 쉽게 동의할 수 없는 문제입니다.

일본,
전쟁 가능
국가로?

중국이 해군력 증강에
사활을 걸면서
해군력이 놀라운 속도로
성장하고 있다!

이미 함정 수는
나를 넘어섰어…
내가 비록 질적 우위일지라도
대만해협 같은 어웨이에선
승리를 장담할 수 없다.

美 해군장관, "美, 中 해군력 증강 속도 따라가기 힘들다"

그리하야!
중국을 견제하기 위해
핵잠수함으로 힘을 합치는
인도-태평양 군사동맹!
오커스!
AUKUS
하지만…
AI와 전자전 전력이
새로운 전장을 지배해 가는데
핵잠수함에만 집중해서
실효성이 있을까…?
AI 무기 실험실 된 우크라·중동… AI, 전장도 장악하나
AI나 첨단기술 분야에서
군사협력을 할 수 있는
인도태평양의 IT 강국만
있다면…
거기
아직 벚꽃
있냐?
아니
다졌다데스
그래 일본!
미국의 강력한 동맹인데다가
IT 능력도 출중하지!
에에? 난데?

너 있잖아~
우리 인도태평양 군사협력체
오커스(AUKUS)에
2군으로 합류하지 않을래?
에엑!
혼또니?
오커스, "日과 첨단 군사기술 협력 고려"
전범국 원칙!
공격받을 경우에만
방위력 행사 가능!
아아! 나 일본!
그 동안 전범국이라는
멍에 아래
내 군사적 능력을
억제하며 살아왔다…!

이미 일본의
재무장 명분은
주변국들의 군사적 도발로
차고 넘치고…
우리 동네는
밤마다 울려
미사일 포성!!
KIMCCI
이륙 허가
이제 오커스 가입으로
미국과의 군사 협력을
강화시킨다면
다시 전쟁 가능 국가로 가는
동력을 얻을 수 있다…!
日 반격능력 공감하는 美. 日, '전쟁가능국가'로 성큼

그렇담 남은 걸림돌은…
북중러야 대놓고 적성국이라
애써 무시하면 된다지만
적도 아니고,
그렇다고 동맹도 아닌
저 애매한 한국…
결국 일본이 오커스에
합류하게 되는 건가…?
그럼 일본의 재무장이
탄력을 받을 텐데…
계산기 좀 두들겨보자…

일본의 군사적 잠재력은
어마어마한 수준…
나와 일본이 마찰이 많지만
어쨌건 우방이긴
한 것 같고…
미친 해군
그냥 미침
미친 육군
군사력 증강이 된 일본과
군사협력체계를 구축한다면
아무도 함부로 우릴
건드리지 못하겠지…

하지만….
그 군사협력체계를
우리 국민들이 받아들일 수
있을까는 미지수이고…
나도 좀 보자~
우방국끼리
섭섭하구로
신호정보 1급
무엇보다도 독도라는
영토 갈등의 여지가 있다는 것은
군사적 충돌의 가능성도
절대 배제할 수
없다는 것…!

어쩌지…
재무장한 일본은
강력한 군사 파트너인가
동쪽의 새로운 위협인가…
이거 판단이 안 서네…
야 한국!
너도 오커스 2군 들어와라!
네가 중국 눈치 볼까봐
말 안 했던 거지
너도 영입대상이야~
美, "오커스 첨단기술 개발 파트너로 한국도 고려"

왜 일본은 평화헌법을
개정하려고 하나?

1945년 제2차 세계대전에서 패배한 일본은 미국을 중심으로 한 연합군에게 점령되었습니다. 히로시마와 나가사키에 투하된 원자폭탄으로 대표되는 전쟁의 끔찍한 참상은 일본 국민들에게 큰 충격을 안겨주었지요. 태평양 곳곳에서 일본과 치열하게 전쟁을 벌였던 미국은 일본의 군사적 재기를 철저하게 막고, 민주주의를 확립하기 위해 정치, 경제, 사회 등 모든 분야에서 개혁을 추진했습니다. 이를 위해서는 일본 헌법의 개정이 중요한 과제였습니다. 맥아더 장군의 연합군 최고사령부는 헌법 초안을 작성하여 제시했고, 일본은 이를 바탕으로 헌법을 제정하게 됩니다.

그중 헌법 제9조는 "일본은 전쟁을 국가의 주권을 실행하는 수단으로서 영원히 포기한다. 일본은 육·해·공군과 기타 전력을 보유하지 않으며, 교전권을 인정하지 않는다"라는 내용을 담고 있습니다. 그간 대규모 전쟁을 벌여 아시아 전역과 태평양에서 수많은 인명과 재산 피해를 초래한 일본이 이런 과거를 반성하며 다시는 전쟁을 일으키지 않는 평화로운 국가를 만들겠다는 목표를 명확히 하는 조항입니다. 바로 이 조항 때문에 일본 헌법을 '평화헌법'이라고 부릅니다.

그래서 일본은 법적으로 군대를 보유할 수 없습니다. 하지만 일본은 지금 '자위대'라는 군사 조직을 갖추고 있습니다. 자위대의 군사력은 웬만한 국가들을 능가할 정도이지요. 어떻게 일본은 헌법 9조에 위배돼 보이는 군사 조직을 보유할 수 있었을까요?

패전 후 미국에 점령당한 일본은 모든 군사력을 해체당했고, 국가안보는 전적으로 점령군인 미군에 의존할 수밖에 없었습니다. 그러나 미국은 점차 일본이 스스로 방어 능력을 갖추기를 원하게 되었습니다. 미국과 소련이 대립하는 냉전 체제가 시작되면서 동아시아에서도 공산주의와 자유주의 세력 간의 갈등이 높아졌기 때문입니다. 1950년, 한국전쟁이 발발하면서 동아시아의 안보 상황이 급격히 불안해졌습니다. 그래서 미국은 일본을 공산주의를 막아낼 방어선으로 보고 재무장을 촉구하게 됩니다. 마침 일본 내에서도 안보 불안에 대한 우려가 커졌습니다. 미국의 보호에만 계속 의존할 수는 없기 때문에 최소한의 자위력을 갖추는 것이 필요하다는 인식이 생겼지요. 그래서 1954년, 자위대가 창설되었습니다. 자위대는 헌법 9조에 위배될 수 있지만, 일본 정부는 공격 목적이 아니라 방어 목적인 군사력이기 때문에 헌법을 위반하지 않는다고 해석했습니다.

이렇게 자위대를 보유하게 된 일본은 소규모의 방어 조직을 갖추는 데에서 멈추지 않았습니다. 계속해서 미국과의 안보 협력을 강화하며 훈련과 장비를 늘리고 현대화했지요. 1990년대 이후에는 유엔 평화유지활동 등에도 자위대를 파견하여 국제적 역할을 확대해 나갔습니다.

한편 냉전 종식 이후 중국의 군사대국화, 북한의 핵미사일 개발 등 동아시아의 안보 환경이 변화하면서 미국은 일본이 동아시아 안보에 더 많은 책임을 질 것을 원했고, 이를 명분 삼아 일본 정부는 평화헌법 개정의 필요성을 주장하며 지속적으로 이를 정치적 이슈로 만들어가고 있습니다.

일본이 평화헌법을 개정할 수 있을까요? 일본이 평화헌법을 개정하고 다시 전쟁할 수 있는 나라가 되면 과연 국제 평화에 도움이 될까요?

"일본이 언제까지나 평화로운 나라로 남기를 바란다"

– 무라야마 도미이치(전 일본 총리)

10

네이버 라인(LINE), 일본이 강탈?

일본 정부는 왜
라인(LINE)을?

여러분은 네이버가 개발한 '라인LINE'이라는 앱을 사용해 본 적 있으신가요? 라인은 메시지 애플리케이션으로 한국에서는 '카카오톡'에 밀려 잘 보이지 않지만, 일본이나 대만, 동남아시아 등지에서는 '국민 메신저'로 군림하고 있습니다.

일본에 진출해 국민 메신저로 등극한 라인은 검색엔진, 배달, 간편 결제 등의 서비스도 제공하며 일본에서의 사업을 확장하고자 했는데요. 그 과정에서 일본 기업 '소프트뱅크'와 충돌하게 됩니다. 소프트뱅크 또한 일본에서 검색엔진(야후재팬), 배달(우버이츠), 간편 결제 서비스(Paypay)에 투자하고 있었던 상황이었습니다. 그런데 여기에 네이버 라인이 뛰어들며 서로 출혈경쟁을 하게 된 것이지요.

그래서 네이버 라인과 소프트뱅크는 서로 출혈경쟁을 하기보다는 가족이 되어 함께 사업을 진행하기로 약속합니다. 그렇게 합작으로 탄생한 기업이 '라인야후'이며, 라인야후의 지분은 네이버와 소프트뱅크가 50:50으로 나누어 가지게 됩니다.

그런데 2024년, 일본 정부는 라인을 운영하는 회사 '라인야후'에 자본 관계를 재검토하라는 요구를 하고 나섰습니다. 이 요구 때문에 한국 사람들의 분노가 솟구쳐 한일 양국 간의 관계도 한때 냉랭했는데요. 일본 정부의 요구가 어떤 함의를 담고 있기에 한일 외교 갈등까지 불러온 것일까요?

일본 정부는 한국 기업인 네이버가 라인야후에 연관되어 있다는 사실이 줄곧 불편했습니다. 라인이 일본의 국민 메신저인 만큼 무수한 일본인의 개인정보가 들어 있기 때문이겠지요.

그러던 중 2024년, 일본 라인야후는 네이버 클라우드가 해킹을 당해 51만 건에 달하는 개인정보 유출 가능성이 있다고 밝혔습니다. 일본 정부는 이 개인정보 유출을 문제 삼아 앞서 말한 "라인야후는 네이버와의 자본 관계를 재검토하라"는 행정명령을 내립니다. 사실상 라인야후가 네이버에 보안을 위탁하는 구조를 바꾸고 네이버의 지분을 줄이라는 것이지요.

보통 개인정보 유출 사건은 과징금 부과로 처벌이 됩니다. 하지만 일본은 총무성까지 개입해 라인야후의 지분 재조정을 압박하고 나섰습니다. 정부가 나서 민간 회사의 지분 조정에 개입하는 일은 상당히 이례적인 일이지요. 이렇게 과도한 개입은 기업의 자율성을 침해하고 시장을 왜곡시킬 수 있기 때문에 정상적인 시장경제에서는 보기 힘든 일입니다.

일본 정부가 시장 원리를 훼손하면서까지 한국 기업을 일본에서 퇴출시키려는 것은 마치 일본 안보에 위협이 되는 '적성국'을 몰아내려는 것처럼 보입니다. 한국과 일본은 미국을 중심으로 한 '한·미·일 삼각안보체제'를 구축하고 있으나, 일본은 한편으로 한국을 여실히 안보 위협으로 간주하고 있음을 드러낸 것입니다.

때문에 한국에서는 정치권과 여론의 비판이 거세게 일어났습니다. 이를 의식해서인지 일본 정부는 자본관계 재검토 요구를 사실상 철회하게 됩니다. 아사히신문은 "일본 정부는 라인야후 사태가 한일관계의 새로운 갈등의 불씨가 되는 것을 경계하는

목소리가 있었다"고 분석했습니다. 이렇게 라인야후 사태는 소
강 국면에 접어들었습니다.

네이버 라인(Line), 일본이 강탈?

잠깐만…
우리의 국민 메신저인데
한국 기업이 개발했고
한국 기업의 영향을 받는다라…
이거 완전 우리 정보를
한국에 쥐어주는 셈…?
NAVER
LINE 한편 한국…
ゃすごく可愛い
뭐 저리 호들갑이야?
개인정보 유출은 우리 같은
IT 국가에선 심심하면
있는 일인데.
(비정상이다)

으아아아!
보스 큰일이에요!
일본이…! 일본이…!
NAVER
일본이
이번 라인 유출사고에 대해
자본 관계를 재검토하라는
행정지도를 내렸어요!
NAVER
日 정부, 라인야후에 "네이버 자본관계 재검토하라"

… 뭔 소리야?
벌금 좀 내면 되는 일인데
무슨 자본 관계를 재검토?
자아성찰 하라는 건가?
笑笑-
눈치
없기는~
보스, 교토식 화법 아시죠?
그 말인 즉, "보안을 맡는 한국
기업 네이버가 너무 많은 자본
비중을 갖고 있다…네이버의
자본을 줄여라!"라는
뜻입니다!
日 정부 네이버에 지분매각 압박… '라인 강탈' 수위 높여
NAVER

현재 라인야후의 주식은
저 네이버와 일본의 소프트뱅크가
합작해서 세운 'A홀딩스'로 전체의
65%를 차지, 이 'A홀딩스'의
지분은 50:50이지요.
SoftBank
NAVER
<소프트뱅크> 50%
<네이버> 50%
최대주주 <A홀딩스> 65%
고오오…
SoftBank
NAVER
여기서 일본 정부는
이번 사고를 빌미로
네이버 지분 줄이기를
강요하고 있는 것…!

이야 이거 장관이야~
나는 틱톡 강제 매각하려고
법안까지 통과시켰는데
쟤는 행정지도 몇 마디로
싹 다 조지뿌네.
일본… 이런 깡패 짓은
미·중 사이처럼 서로
적성국일 때나 하는 건데…
넌 날 결국 적성국으로
보고 있었나 보군…

그것도 그렇고
타이밍이 딱 일본 내각 지지율
박살난 때인 건 기분 탓인가…?
과거에도 반한 코인으로
지지율 재미 좀 보더니
이번에도 이러기냐…?
지는…
야, 그렇게 분하면
상호주의로 협박을 하든
뭐라도 해봐!
정부가 사기업 지배구조에
개입하는 게 말이 되냐?

에… 에이…
네이버 의견이 중요하지
나 혼자 화난다고
홀로 칼춤추면 되나~
내 알아서 잘 도울 거야~
?
우리 측에서는
적극적인 대응은
없는 듯하군…
NAVER
과기부장관, "국익 우선해 네이버 결정 최대한 보장"

그냥 라인 지분 팔아치운
다음 그 돈으로 AI 사업
집중해버려? 안 그래도
AI 칩들 비싸서 못 사고
있었는데…
NAVER
네이버, 라인야후 지분매각으로 AI사업 강화하나?
일본 LINE 이용자수
9600만 명
태국
5300만 명
대만
2100만 명
그런데 또 해외진출
기반인 일본을 잃으면…
범아시아 IT기업의 꿈은
물거품이 되는데
어떡해야 하나…
NAVER

디지털 강국 한국
VS
아날로그 강국 일본

20세기 말, 서서히 보급되던 세계의 컴퓨터들이 하나의 네트워크 통신망으로 연결됩니다. 바로 '인터넷'이 등장한 것입니다. 인터넷을 통해 세계인들은 쉽게 정보를 공유할 수 있었고, 산업을 자동화시킬 수 있었습니다. 이러한 IT 기술의 발달로 일어난 산업의 발전을 '3차 산업혁명'이라고도 부릅니다.

20세기 들어 일제강점기, 해방, 한국전쟁을 거치며 힘든 시기를 보낸 한국은 1960년대 박정희 정부가 추진한 경제개발 계획으로부터 시작해 고도의 경제성장을, 1970~80년대의 민주화 운동을 통해 사회적으로 민주화를 동시에 이룩합니다. 그리고 2000년대 이후로는 반도체, 전자, IT, 자동차 등 첨단산업 분야에서 세계적인 경쟁력을 갖추게 되었습니다. 20세기 산업화 시기를 뒤늦게 통과한 한국은 어떻게 21세기 3차 산업혁명의 선도국 대열에 서서 세계의 주목을 받으며 달릴 수 있게 된 것일까요?

1990년대, 컴퓨터와 인터넷의 급격한 발전을 주목한 한국 정부는 정보통신기술 분야에 적극적인 투자를 시작했습니다. 한국 사회의 디지털 전환을 목표로, 정부 서비스의 디지털화를 촉진하고 국민의 디지털 역량을 강화하는 정책을 펼쳤지요. 특히 초고속 인터넷망을 구축하기 위한 한국 정부의 정책적 지원은 중요한 역할을 했습니다.

1990년대 후반부터 전국적으로 초고속 인터넷 망이 구축되어 2000년대 초반부터는 대부분의 가정과 기업이 고속 인터넷을 사용할 수 있게 되었습니다. 이렇게 정부의 강력한 정책 아래 고도화된 인터넷 인프라는 한국의 디지털 전환을 빠르게 진행시켰고, 그 토대 위에서 IT 산업의 발전을 더욱 가속화할 수 있었습니다.

삼성, LG 같은 대기업들은 혁신적인 제품들을 계속 개발하며 글로벌 시장에서 경쟁력을 확보했습니다. 정부와 민간이 협력하여 IT 스타트업 생태계를 활성화했고, 판교 테크노밸리 같은 IT

혁신 클러스터가 만들어져 창업과 기술혁신이 이루어졌습니다.

한국의 문화적인 요소도 IT 산업 발전에 영향을 미쳤습니다. 한국 사회는 변화에 빠르게 반응합니다. 새로운 기술을 빠르게 수용하며, 트렌드 변화에 민감하지요. 게임, 웹툰, K-POP 등 글로벌 시장에서 큰 영향력을 발휘하고 있는 한국의 콘텐츠 산업도 IT 산업과 함께 디지털 강국 한국의 이미지를 강화하는데 기여하고 있습니다.

반면, 20세기 세계경제의 총아寵兒였던 일본은 디지털 사회로 빠르게 변화하지 못하고 여전히 아날로그 방식을 고수하는 것으로 유명합니다. 카드보다 현금을, 도어락보다 열쇠를, 엑셀 파일보다 수기 작성을 선호하죠. 코로나19 팬데믹 당시 일본 정부의 비효율적인 대처들은 한국 정부의 대처와 극명하게 대비되었습니다. 온라인 시스템의 미비로 행정절차가 비효율적으로 진행된 것입니다. 그 예로 코로나19 지원금 신청 과정에서 온라인 대신 서류 제출과 대면 심사가 필요해 시민들이 오랜 시간 줄을 서서 기다려야 했습니다. 또한, 지역 보건소와 중앙정부 간 데이터 통합 미비로 정확한 정보 공유가 빠르게 이뤄지지 않았습니다. 공공 데이터와 빅 데이터를 활용한 과학적이고 효율적인 정책을 수

립할 수 없어 백신 접종, 감염자 추적, 병상 관리 등 모든 분야에서 비효율적인 모습을 노출했습니다.

2023년 스위스 국제경영개발연구원이 발표한 '세계 디지털경쟁력 순위'를 보면 일본은 64개국 가운데 32위를 기록했습니다. 선진국은 물론 신흥국에도 미치지 못한 것입니다. 이 순위에서 한국은 6위를 기록했습니다.

일본은 한때 세계 2위의 경제 대국이었습니다. 정부 주도 하의 산업 정책 속에서 제조업 분야의 기술 혁신과 품질 향상으로 폭발적인 경제성장을 이룩했습니다. 1980년도 초반에는 심지어 잠깐이나마 미국의 자리를 넘보기도 했습니다. 아이러니하게도 그러한 성공 신화가 일본의 디지털 사회로의 전환을 지체시키고 있습니다. 디지털이 없던 시대에 세계 2위까지 올랐던 옛 성공 신화에 사고방식이 묶여버린 것입니다.

일본의 보수적인 기업 문화도 디지털로의 전환을 어렵게 했습니다. 변화와 혁신보다는 위계질서를 중시하고 기존의 방식을 고수하는 일본의 기업 문화는 디지털 전환 같은 혁신적인 변화에 대응하기 어렵습니다. 또한 일본 정부의 관료주의적 행정 절차도 새로운 디지털 기술과 서비스 도입을 느리게 합니다. 초고속 인터넷망 같은 디지털 인프라도 한국을 비롯한 디지털 선진국들에 비해 뒤처지고, 디지털 전환을 이끌어갈 IT 분야의 전문 인력이 부족합니다. 초고령화 사회의 일본 고령층 소비자들이 새로운 디지털 기술을 빠르게 받아들이지 못하는 것도 문제로 지적됩니다.

하지만 일본도 이제 변화를 시도하고 있습니다. 일본 정부는 최근 '디지털 전환DX'을 대대적으로 추진하고 있습니다. 많은 국가들이 AI를 위시한 디지털 혁신에 국가의 명운을 걸고 있는데요, 일본도 그에 발맞춰 디지털 혁신을 달성하려는 것입니다. 과연 일본은 아날로그에서 AI 디지털 사회로의 변화에 성공할 수 있을까요?

11

변화하는 중국의 외교 방식

중앙아시아로 향하는
중국의 발걸음

중앙아시아는 지정학적 가치가 큰 지역입니다. 유럽과 중동, 동아시아의 중간 지역이어서 유럽과 아시아를 연결하는 육로 교통의 중심지이자, 동서 교역의 중요한 길목이지요. 아시아와 유럽을 연결했던 그 유명한 '실크로드'도 중앙아시아를 지나갔습니다.

카자흐스탄, 우즈베키스탄, 키르기스스탄, 타지키스탄, 투르크메니스탄 등 중앙아시아 국가들은 석유, 가스, 우라늄, 희토류, 금, 구리 등의 지하자원을 풍부하게 보유하고 있습니다. 1980년대 말까지 소비에트연방의 일원이어서 접근이 어려웠지만, 소련의 붕괴로 중앙아시아 국가들이 독립하면서 미국과 유럽, 중국 등의 강대국들도 다양한 협력을 제안하고 있습니다.

소련의 일원으로 20세기 대부분을 보냈던 중앙아시아 국가들은 그 당시 구축된 정치, 경제, 사회구조의 영향을 지금까지도 받고 있습니다. 러시아가 가장 중요한 무역 파트너이고, 많은 상품이 러시아를 통해 거래가 이루어지고 있습니다. 카자흐스탄과 투르크메니스탄은 천연가스와 석유를 러시아를 통해 수출하고, 타지키스탄과 키르기스스탄은 GDP의 상당 부분을 러시아로 노동 이주를 떠난 이들이 본국에 보내는 해외송금에 의존하고 있습니다.

러시아는 중앙아시아 여러 국가에 군사기지도 운영하고 있는데요. 테러리즘, 마약 밀매 등 지역 안보 문제에 대응한다는 명목으로 운영하고 있고, 중앙아시아 국가들의 정치적 결정에까지 영향력을 행사하고 있지요.

중앙아시아 국가들도 러시아에 대한 의존을 줄이기 위해 노력하고 있습니다. 중국과의 경제협력을 강화하고, EU나 한국 등 다른 국가와의 외교와 무역을 확대하는 다변화 전략도 추진하고 있지요.

러시아-우크라이나 전쟁의 발발 이후 서방의 제재를 전방위로 받는 러시아는 돌파구를 찾아야 했습니다. 길어진 전쟁으로 소요되는 막대한 전쟁 비용을 충당해야 하지만, 천연자원 수출로가 막혀버렸기 때문입니다. 난감한 상황에 빠진 러시아를 도와준 나라는 바로 중국입니다. 중국은 러시아의 천연자원을 매입하면서 러시아의 제재 우회로가 되어 주었고, 러시아는 중국에 경제적으로 의존하기 시작합니다.

그렇게 중국은 중앙아시아로의 진출을 더욱 확대할 수 있는 기회를 잡게 됩니다. 현재 러시아와 중국의 관계로 볼 때 중국의 중앙아시아 진출 시도에 대해 러시아가 강하게 반발한 가능성이 적기 때문입니다.

또한 탈레반의 아프가니스탄 장악과 IS(이슬람 수니파 무장단체)의 영향력 확대는 중앙아시아 지역에 안보 불안 요소로 작용하고 있는데요. 전쟁으로 바쁜 러시아의 부재를 틈타 중국은 2023년 중앙아시아 5개국과 '안보위협 공동대응·무역규모 전면 제고'에 합의했습니다. 경제협력을 늘리는 것에 더해 안보협력까지 제공함으로써 중국의 영향력을 늘려가겠다는 것이지요.

중앙아시아는 중국의 일대일로一帶一路 정책에서 매우 중요합니다. 일대일로는 아시아, 유럽, 아프리카를 육상과 해상 두 가지 경로로 연결하는 거대한 인프라 건설과 경제 개발 프로젝트인데, 중국 서부에서 시작해 유럽으로 이어지는 육상 경제벨트의 핵심 지역이 중앙아시아입니다. 중앙아시아의 풍부한 천연자원도 에너지 수급을 다변화하여 에너지 안보를 확보하는 데 중요하기 때문에 중국은 중앙아시아에 도로와 철도 인프라를 광범위하게 건설하고 있고, 에너지 파이프라인도 구축하고 있습니다.

중국의 일대일로 정책이 중앙아시아에 미치는 영향에 대한 러시아의 반응은 복잡합니다. 일대일로로 중앙아시아 국가들의 경제성장이 촉진되는 것은 러시아 경제에도 긍정적인 영향을 미칠 수 있습니다. 중앙아시아에서 중국의 영향력이 증가하는 것은 러시아가 미국과의 글로벌 경쟁에서 지정학적 균형을 유지하는 데 도움도 됩니다. 미국의 중앙아시아 접근을 제한하는 데 도움이 된다고 볼 수 있는 거지요. 그러나 결과적으로 중앙아시아 지역에서 러시아의 영향력이 약화될 수 있는 가능성에 대해서는 경계하고 있습니다.

문전성시
중국집

너희 요새 서방과 붙어먹는다는
첩보가 들어오고 있어…
쏘련 무너졌다고 막 자유롭고 그래?
나 아직 건재하다구!
딴 맘 먹으면 각오해!
카자흐스탄
투르크메니스탄
키르기스스탄
러 외무차관 "중앙亞 국가들, 서방 제재 따르려 한다"

재 꼴 좀 봐…
전쟁 안 풀려서 돌아버렸나…?
그러게…
우리까지
위협하려나…
우즈베키스탄
타지키스탄

난 자원 없는데…
투르크메니스탄
타지키스탄
그래!
우리 천연자원도 많은데
러시아가 안 넘본다는
보장 있어?
우리도 슬슬 미국에
줄 대놔야 하는 거 아냐?
카자흐스탄
키르기스스탄

근데 생각해보면,
미국은 우리에게
큰 관심 있던 적이 없었다구.
아프간전 PTSD 때문에
협력하려 할까도 싶고…
탈레반 놈들…!
산기슭에서 나와…!

이 항구 써도
되니까 사정 좀
잘 봐줘~
우효~
러, 中에 파격 선물… 블라디보스토크항 사용권 내줬다
이 방법은 어때?
러시아가 우크라전 이후로
중국에 많이 의존하고 있어!
우리가 중국과 친해져버리면
러시아도 우릴 건들지 못할 거야!

중국이라면
아프간의 탈레반 관리 등
좋은 협력을 할 수 있겠지만,
우리 형제인 위구르족을
탄압한다는 게 걸리네…
아프가니스탄(탈레반)
위구르인 수용소
직업훈련소
이슬람 형제여!
날 해방시켜 주오!
투자 몇 푼에 나를
팔아넘기지 마시오!
아프간 탈레반, 中 일대일로 합류…
"무역·인프라 협력 희망"
… 미안 형제여.

하오하오 중앙아 친구들!
나랑 얘기좀 하자!
앉아봐~
중앙亞 5개국, 중국과 정상회담 갖는다
저기가 요즘 맛집이래~
안 그래도 중국이
전부터 러브콜을 보내오던데,
이야기나 듣고 와 볼까?

요즘 중앙아시아 친구들이 러시아와 아프간에게 느끼는 안보 불안감이 클 텐데, 내가 안보협력을 제공하면 나에게 확실히 협력하겠지?
이집 잘하네.
융숭하구만 융숭해.

힘의 균형이 격변하는 지금! 혼란에 빠진 신흥국들을 이 틈에 품어 나 중국을 주축으로 한 경제·안보 블록을 구축해 놓겠다! 미국 간섭 없는 내 영역인 거지!

불러들이던 중국이,
찾아가는 중국으로?

중국은 과거에 조공외교朝貢外交를 통해 주변국들과의 관계를 관리해 왔습니다. 조공외교는 주변국들이 중국 황제에게 공물을 바치는 대가로 중국의 보호와 무역 특혜를 받는 것입니다. 한漢나라, 당唐나라, 명明나라, 청淸나라에서 대표적으로 볼 수 있지요.

조선은 병자호란(1636~1637) 이후 본격적으로 청나라와 조공 관계를 맺기 시작했습니다. 조선은 정기적으로 연경(베이징)에 사절단을 파견하였고, 사절단은 조선과 청나라 간의 문물 교류를 증진시켰습니다. 조선은 중국 황제에게 인삼, 종이, 도자기 등을 공물로 바쳤고, 청나라는 비단, 약재, 서적 등을 답례로 주었습니다. 연행일기燕行日記는 청나라에 파견된 조선 사신단이 청나라 수도 연경을 다녀오며 쓴 기록입니다. 여행 경로, 청나라에서의 활동, 청나라의 정치, 경제, 문화, 사회에 대한 관찰과 평가 등을 담고 있지요. 연행일기를 통해 조선 후기 실학자들은 청나라의 선진 문물과 사상 등을 접하고, 조선의 개혁과 발전을 도모하려고 했지요. 잘 알려진 연행일기로는 박지원의 열하일기熱河日記와 홍대용의 담헌일기湛軒日記를 꼽을 수 있습니다. 홍대용은 청나라의 발전된 과학기술과 문물을 보고 감탄하며 조선에 도입해야 함을 강조했고, 박지원은 청나라의 선진 문물을 보고 조선의 후진성을 깨닫고 개혁의 필요성을 강조했지요.

베트남도 매년 사절단을 파견하여 진귀한 향신료, 상아, 금은 등을 바쳤고, 류큐(오키나와)는 진주와 산호 등을, 몽골은 말, 양, 가죽 등을, 티베트는 말, 소금, 모피 등을 바쳤고, 청나라는 비단, 차, 서적, 도자기 등을 답례품으로 주었습니다.

조공외교는 중국이 천하의 중심이라는 중국 중심의 세계관을 반영하는 외교 방식이라고 할 수 있습니다. 이처럼 과거 중국은 천하관天下觀이라는 관점으로 세상을 바라봤습니다. 중국은 세상의 중심인 중화中華이고, 주변 국가들은 오랑캐로 구분해서 본 거지요. 쉽게 말해 모든 주변국을 정치, 경제, 문화 등 모든 면에서 열등한 국가로 평가했습니다.

그러나 제2차 세계대전, 동·서 냉전, 동구권 몰락의 시기를 거치며 성립된 미국 중심의 국제질서 체제에서는 다자주의와 협력이 중요합니다. 국제기구와 국가 간 협정을 통해 글로벌 문제를 해결하는 것이 중요한 시대가 된 거지요. 공물을 바치고 사대관계를 맺어왔던 이웃 국가들이 중국과 동등한 위치에서 서로에게 이익이 되는 쪽으로 교류하고 협력하지요. 과거처럼 수직적인 관계가 아닌 서로 문화, 경제적으로 협력해야 할 글로벌 시대에 중국이 미국에 맞설 수 있는 강국으로 자리매김하기 위한 정책이 일대일로입니다.

현재 중국은 일대일로 정책에 따라 전 세계적으로 광범위한 해외 투자를 진행하고 있습니다. 인프라 건설 프로젝트를 중심으로 살펴보면 중앙아시아에서는 카자흐스탄, 우즈베키스탄, 투르크메니스탄, 동남아시아는 인도네시아, 말레이시아, 베트남, 필리핀, 남아시아에서는 파키스탄과 스리랑카, 아프리카에서는 에티오피아, 케냐, 나이지리아 등에서 도로, 철도, 항만, 공항, 전력 시설 건설에 막대한 투자를 하고 있습니다.

중국은 일대일로를 통해 아시아, 유럽, 아프리카를 연결하는 광범위한 인프라 네트워크와 경제 벨트를 만들어 새로운 시장을 개척하고 경제적 영향력을 확대하려고 합니다. 또한 이런 미국의 영향력이 크지 않은 지역에 대한 해외 투자는 경제적 이익뿐만 아니라 중국의 글로벌 영향력을 확대하는 전략적 목표를 달성하기 위한 중요한 수단이기도 합니다.

이처럼 현재의 중국은 과거의 '불러들이던 중국'에서 '찾아가는 중국'으로 변하고 있는 것처럼 보입니다. 그러나 시진핑 주석이 주창한 중국몽中國夢·중국의 꿈은 여전히 중화주의적 요소를 강하게 담고 있습니다. 경제적 번영, 군사적 강국, 문화적 부흥 등을 통해 중국이 다시 세계의 중심에 서고야 말겠다는 의지의 표현입니다. 중화주의는 현대 중국의 대내외 정책에 여전히 핵심적 영향을 미치고 있는 역사적 유산이라고 볼 수 있습니다. '불러들이던', '찾아가던' 중국은 중국인 거지요.

"중화민족의 위대한 부흥이 곧 중화민족의 꿈이다."

– 시진핑(중국 주석)

뉴스툰

초판 1쇄 발행 2024년 10월 11일
초판 12쇄 발행 2025년 7월 8일

지은이 ┃ 뉴스툰
발행인 ┃ 이승현
책임편집 ┃ 강세윤
디자인 ┃ 이원우

펴낸곳 ┃ 펜타클
주소 ┃ 경기도 파주시 헤이리로 133번길 63, 4층(10858)
전자우편 ┃ pentaclebooks@naver.com

인쇄·제본·후가공 ┃ (주)프린탑
배본 ┃ 문화유통북스

글 ⓒ 뉴스툰, 2024

ISBN 979-11-987570-3-6 (44080)
SET ISBN 979-11-987570-2-9 (44080)

＊이 책은 저작권법에 따라 보호받는 저작물이므로 무단 전재 및 복제를 금합니다.
＊잘못 만들어진 책은 구입처에서 바꾸어 드립니다.

＊이 책의 모든 제작은 단행본 전문 디지털윤전인쇄소 (주)프린탑에서 진행하였습니다.
  제작문의: printopsolution@naver.com